MIRANDO HACIA ARRIBA

Brenda Martínez

© Mirando Hacia Arriba,
Relatos y Reflexiones de una Mujer Pequeña que se Permite Ser Feliz
Brenda M. Martinez Torres
Primera edición 2022
Email: Libromirandohaciaarriba@gmail.com

Reservados todos los derechos. No se permite la reproducción total o parcial de esta obra, ni su incorporación a un sistema informático, ni su transmisión en cualquier forma o por cualquier medio (electrónico, mecánico, fotocopia, grabación u otros) sin autorización previa y por escrito de los titulares del copyright. La infracción de dichos derechos puede constituir un delito contra la propiedad intelectual.

ISBN: 9798364354235
Imprint: Independently published

Diseño y composición: Diseño Visual Gráfico, LCC

Fotografía de portada y autora: Eduardo Pérez Studio
Email: info@eduardoperezstudio.com

Relaciones Públicas: Upfront Communication
www.upfrontpr.net

DEDICATORIA

En memoria de las personas que no lograron superar su condición de enanismo y ya no están con nosotros.

AGRADECIMIENTOS

A mis padres, por darme todo lo que estuvo a su alcance y sin decir mucho, me enseñaron tanto...
A mi hermana Idia por estar siempre para mí.
A mi hija Klaudia por el regalo de la maternidad.
A Maribel y Christian por motivarme a escribir este libro.
A Dios por enviarme a este mundo tal como soy.

ÍNDICE

Prólogo

Capítulo 1 . . . . Sorpresa   13

Capítulo 2 . . . . Ni un centímetro más   29

Capítulo 3 . . . . Venciendo mi discapacidad   47

Capítulo 4 . . . . Y logré mi Independencia   59

Capítulo 5 . . . . Amor en pequeño   67

Capítulo 6 . . . . Vidas inconclusas   83

Capítulo 7 . . . . Una montaña rusa   101

Capítulo 8 . . . . Entregué mi alma   109

Capítulo 9 . . . . El día que dejé de ser Brenda   127

Capítulo 10. . . . . Salud en mi displasia   143

Capítulo 11. . . . . No estoy sola   157

Capítulo 12. . . . . Lo aprendido   169

Epílogo

PRÓLOGO

Este libro narra mi vida. Una vida igual o parecida a la de cualquiera de ustedes. A lo largo de los años me he dado cuenta que algunas personas creen que vivo en una casa de muñeca, que todo ha sido fácil para mí y que mi vida es un cuento de hadas. Nada más lejos de la verdad.

Mi casa es igual a la de cualquiera de ustedes, pero con ciertas modificaciones para facilitarme un poco el diario vivir. La verdad es que los banquitos han jugado un papel muy importante en mi vida. Ellos son para mí tan necesarios como el agua o el aire que respiro. Mi ropa y zapatos no son más económicos por ser de tamaños pequeños, como muchos creen.

No todo ha sido fácil, pues siempre he vivido demostrando de lo que soy capaz. En el campo laboral, siempre me esforcé para que no hubiera duda de que mi capacidad intelectual no está a la par con mi capacidad física. Aún a mi edad, y con las canas que tengo, encuentro personas que me tratan de manera diferente a como lo hacen con otras personas. No verbalizan lo que piensan, pero yo logro percibir algo en su trato hacia mí. Y es que, en el fondo, no logran verme como la adulta que soy.

Mi vida no ha sido un cuento de hadas, pero tampoco me puedo quejar. He logrado hacer lo que me he propuesto. Profesionalmente me siento satisfecha, aunque reconozco que si me hubiera preparado mejor académicamente hubiera logrado mucho más, por ello asumo toda la responsabilidad. En el plano sentimental tuve y dejé de tener el amor de varias parejas, algo común que le sucede a la mayoría de la personas. He tenido la oportunidad de hacer lo que más me gusta- viajar y conocer diferentes lugares y culturas. La maternidad ha sido un camino doloroso, difícil y de aprendizaje, pero con un final feliz en el que logré ser madre. Esta etapa la he vivido y disfrutado de una manera no tradicional, y eso precisamente ha sido lo mejor y lo más gratificante que ha pasado en mi vida.

Al concluir este libro, estoy segura de que llegarás a la conclusión de que mi vida es igual a la tuya o a la de cualquier otra persona. Mi condición no ha sido impedimento para lograr mis metas, pero tampoco ha sido un escudo protector para evitar que pasaran momentos de mucha tristeza en mi vida.

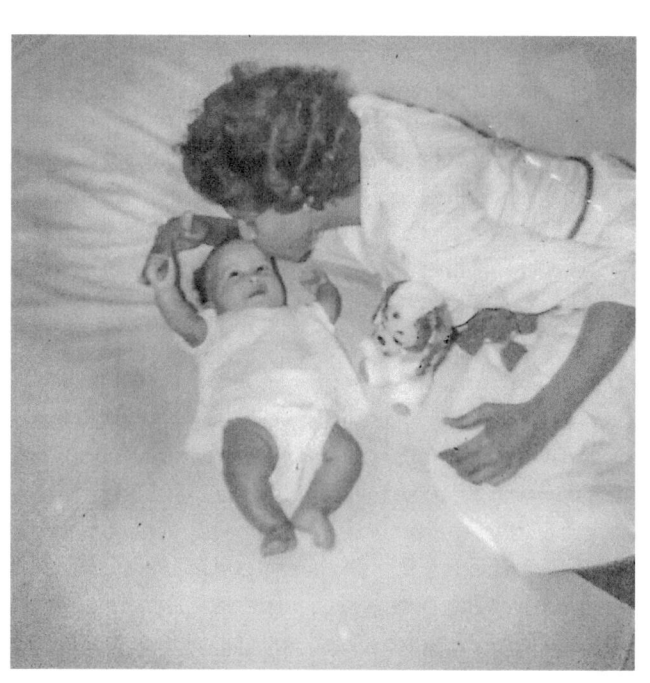

CAPITULO I

SORPRESA

El amor, la educación y el apoyo, tanto de la familia como amigos cercanos, serán claves en el desarrollo de cualquier niño, pero más aún cuando ese niño tenga que afrontar una vida diferente a los demás. En mi caso, así fue.

Mi nacimiento tuvo una peculiaridad que quizás en ese momento se vio como una casualidad del destino, pero yo estoy convencida de que Dios preparaba el camino de mis padres para que visualizaran más claramente mi diferencia. En aquella época no existían los estudios modernos que existen hoy en día con los cuales los padres, en la mayoría de los casos, se enteran de antemano de cualquier condición o enfermedad del bebé. Por lo que fue una sorpresa para ellos.

Fui la primogénita, primera nieta y sobrina del lado materno, pero del lado paterno me disputé el puesto número ocho con una prima, con la cual apenas me separan un par de horas de diferencia en edad. Este doble parto familiar, quizás fue clave para que mis padres se dieran cuenta del retraso en mi desarrollo.

Mi mamá recuerda que estando embarazada de mí tuvo complicaciones y varios síntomas de aborto, pero algo muy singular que recuerda de ese periodo fue un día cuando estaba en una de las citas médicas y su ginecólogo le comentó que, por el tamaño de su barriga, tendría un bebé enorme. ¡Ja, ja… nada más lejos de la verdad!

Al día siguiente de mi nacimiento, la enfermera que me llevó a la habitación le comentó a mi mamá que el médico había dicho que yo iba a ser enanita. En aquel tiempo, algunos temas eran tratados como tabú, por lo que nadie mencionó nada más al respecto. Sin embargo, mis medidas al momento de nacer no fueron indicadores de algo fuera de la común, ya que medí 17 pulgadas y media (44.4cm), lo cual entra dentro de los parámetros normales de un recién nacido. Lo que causó el comentario del médico fue el hecho de que mis piernas fueran un poco más cortas de lo esperado, pero mis brazos tenían un largo promedio. En la primera cita postparto, mi mamá le cuestionó al médico sobre su comentario relacionado al enanismo, éste sostuvo que aunque había cierto rezago en las extremidades inferiores, las superiores estaban bien, por lo que entendía que no había ningún problema conmigo.

El primer pediatra que me atendió también fue abordado con las mismas preguntas y dio la misma contestación que el ginecólogo. Todo parecía estar bien. Si bien es cierto que en esa época no había tantos adelantos e información como ahora, la realidad es que siempre han existido profesionales de la salud que no van un poco más allá por investigar y encontrar lo que realmente sucede con el paciente. Esto lamentablemente continúa ocurriendo, es mi queja constante cada vez que me sucede o que conozco de algún otro caso parecido.

Al transcurrir los días, semanas y meses y acercarse mi primer año, mi mamá confirmó el atraso en mi crecimiento; ella usaba de referencia a mi prima, quien crecía de forma normal mientras mi crecimiento era más limitado. Mis extremidades inferiores eran lo suficientemente cortas para que las medias me cubrieran hasta los muslos y mi cabeza era un poco más grande de lo esperado, pero fuera de eso, no había nada más que pudiera confirmar alguna condición o enfermedad específica.

Mis padres continuaron la búsqueda de la razón por la que yo no crecía. Uno de los médicos que me evaluó, diagnosticó que tenía Hidrocefalia, una condición en la que se acumula líquido en el cerebro, pero más adelante eso fue descartado. En cuanto al crecimiento, solo dijo que yo sería bajita. Mis padres no estaban conformes con el diagnóstico y continuaron visitando diferentes especialistas a través de la isla, pero todos les daban la misma contestación. Solo uno de los muchos médicos que me vieron en ese periodo de mi vida acertó bastante con el diagnóstico, pero aún así no fue un diagnóstico preciso. El médico les explicó que yo no crecería como los demás y que apenas alcanzaría una estatura en la cual llegaría a los codos de mi mamá. Logré sobrepasar el pronóstico del médico por un par de pulgadas, jaja... la realidad es que mi mamá tampoco es tan alta que digamos.

Para mis padres, mi tamaño nunca fue motivo de tristeza, frustración o culpabilidad como les ha pasado a otras personas. Por el contrario, mis padres tomaron el reto con tranquilidad. A pesar de no tener las herramientas y/o conocimientos psicológicos y tal vez sin pensar mucho en la forma más apropiada de como criarme, hicieron lo correcto. Me trataron como cualquiera hubiera tratado a su hija. No me demostraron pena, tampoco hubo excepciones porque yo fuera pequeña en estatura; por el contrario, esperaban de mí un buen comportamiento y el mismo esfuerzo que se le requería a un niño común. Tan es así, que al cabo de casi cuatro años recibimos a una nueva integrante en la familia, mi hermana Idia, y jamás hubo diferencias en la manera de criarnos. Mis padres siempre nos premiaban de la misma manera, y cuando era necesario, los castigos también eran los mismos. Ahora que soy adulta, siempre que tengo la oportunidad de hablar con padres que enfrentan el reto de criar a un hijo con enanismo, les aconsejo que hagan con sus hijos lo mismo que hicieron conmigo. El trato igualitario que reciba el niño dentro del núcleo familiar será clave para que, desde sus primeros pasos, se desarrolle de forma independiente y sabiendo que será el dueño de su destino y podrá lograr lo que se proponga.

Mi hermana y yo fuimos afortunadas de tener unos padres que nos amaron e hicieron todo lo posible para brindarnos una buena educación. Ambas estudiamos en el mismo colegio y recuerdo que siempre la protegía por ser la hermana menor. Desde el momento en que mi mamá me dijo que tendría una hermanita, comencé a quererla y siempre la vi como si fuera mi hija. No solo la protegía de pequeña en el colegio sino que cuando comencé a trabajar la apoyé de diferentes maneras para que ella pudiera realizar algunos de sus sueños. Sin darnos cuenta con el pasar del tiempo, el papel de hermana protectora se fue alternando de acuerdo a las circunstancias. Lo importante es que hoy al igual que ayer, siempre hemos estado presentes la una por la otra.

Regresando al tópico de la estatura, mi mamá cuenta que alrededor de mis 4 años, comencé a darme cuenta de los comentarios y las preguntas que la gente hacía sobre mi estatura. Mis padres abordaban el tema de una manera muy normal, y nunca se manejó de forma exagerada. Algo sumamente importante que nos inculcaron nuestros padres fue el respeto hacia las demás personas. Una de esas lecciones de respeto incluía el no contestar groseramente a nadie, por lo cual si alguien hacía algún comentario negativo sobre mí persona, se ignoraba el mismo. Por el contrario, si era una pregunta realizada con respeto, se contestaba con toda la cordialidad posible. Obviamente, hubo algunas excepciones debido a diferentes situaciones, pero esas se las iré contando poco a poco.

Una historia jocosa y creativa fue que teniendo yo 3 años (antes de que mi hermana naciera), mi mamá tuvo que ser hospitalizada y su estadía en el hospital coincidió con el Día de las Madres. Como se imaginarán, ella estaba devastada por no poder estar conmigo ese día especial. A mi papá le dio también mucha pena con ella y conmigo, y ese domingo fue a buscarme a casa de mi abuela materna quien me estaba cuidando. De ahí salimos hacia el hospital y al bajarnos del carro me colocó dentro de una gran bolsa de compras ("shopping bag") y me dio instrucciones precisas de no moverme y mucho menos asomarme. A esa edad yo tendría la estatura de una niña de menos de un año así que no fue muy difícil esconderme dentro del bolso. Entrando al vestíbulo del hospital de la manera más natural posible con su gran bolso, sucedió lo temido- lo detuvieron. Una de las enfermeras se percató de que lo que iba dentro del bolso se movía, y por supuesto le prohibieron llegar a la habitación. Cuando mi papá le explicó la situación a la enfermera, ella hizo los arreglos para que permitieran bajar a mi mamá hasta el vestíbulo, de tal manera que pasáramos unos minutos juntas. Quizás esta fue la primera anécdota en la que mi estatura fue clave para recibir un trato VIP.

En general toda la familia, tanto materna como paterna nunca me trató diferente por ser pequeña. Quizás mis padres, sin tener que hablar, pero sirviendo de modelo con su conducta y el trato hacia mí, les enseñaban de manera indirecta que mi educación no sería nada distinta a la de cualquier otro niño. Todo el mundo entendió que mi vida sería igual que la de todos los demás.

Si bien es cierto que para mis padres nunca ha habido preferencia, la realidad era distinta con otras personas allegadas. Desde muy temprana edad comencé a participar de diferentes eventos sociales, tales como desfiles de boda, quinceañeros, entre otros; estos eventos eran invitaciones familiares y de amigos. En aquella época no era común ver, conocer o relacionarte con personas con enanismo, por lo que para muchos era una novedad. Si bien estoy consciente de que las personas me apreciaban sinceramente, también reconozco que solicitaban mi presencia por mi condición. Tanto es así que, a pesar de que a mi hermana también estaba en mi casa, siempre le pedían a mi mamá que fuera yo la que participara en los eventos. Mi mamá se dio cuenta de que las personas sin proponérselo podrían causar que mi hermana se sintiera mal por no ser la escogida. Esto provocó que mi mamá se viera forzada a solicitar a las personas que escogieran a mi hermana o ambas para participar del evento. Mi mamá utilizó la psicología a su manera, pero logró que mi hermana nunca se sintiera desplazada por nadie.

Era todavía una niña cuando, en un programa local que se transmitía a medio día, incluyeron una sección de competencia en la participarían personas con enanismo que cantaran o bailaran. De inmediato allegados a nosotros comenzaron a preguntar si yo participaría. A pesar de que yo tendría unos ocho años, entendía de lo que se trataba el concurso y a mi no interesó.

Mis padres tampoco estaban de acuerdo puesto que era aún pequeña para ese tipo de actividad. Pero si recuerdo a las cuatro participantes quienes se convirtieron en parte del elenco habitual del programa por un tiempo. Con el pasar de los años y siendo ya adulta, las conocí y aún conservo la amistad con dos de ellas.

En otra ocasión tuve el placer de conocer a un caballero que también era de baja estatura y se había convertido en la imagen de una empresa puertorriqueña que manufacturaba bizcochos y galletas. Como parte de su trabajo, visitaba tiendas y eventos para promocionar los productos y era muy conocido, no solo por su tamaño, sino por su gran personalidad y amor por los niños. Siempre recordaré que me hizo el comentario de que algún día el mundo sería de las personas como nosotros. Ese pensamiento caló hondo en mí y me hizo reflexionar sobre las posibilidades que teníamos aún con nuestra estatura. El nunca llego a saber lo mucho que me ayudó su comentario.

Guardo muchos recuerdos de mi infancia y las reuniones familiares. Mis padres nacieron y vivieron siempre en el pueblo de Dorado, pero al casarse compraron una casa en Bayamón. Ahí nací y viví hasta que me casé, con excepción de varios años en los que vivimos en Canóvanas. Recuerdo que me emocionaba mucho cuando nos decían que iríamos a Dorado a visitar el resto de la familia porque eso implicaba visitar varias casas en las que compartiría con mis primos.

Mis abuelos paternos, Juan y Nicolasa, y mi abuela materna, Segunda, vivían en el mismo pueblo, al igual que algunos tíos por parte de padre y en el campo vivía la mayoría de mi familia materna. De mis abuelos guardo muchas memorias, sobre todo el orgullo que veía en los ojos de mi abuelo Juan, cuando hablaba de las cosas que yo iba logrando, como cuando comencé a trabajar, cuando aprendí a manejar un auto y cuando realicé un viaje a Europa. Pienso que quizás en su interior, y por ser de una generación muy diferente, jamás pensó que yo podría lograr todo eso. De mi abuela materna, Segunda era su nombre, guardo muchos más recuerdos, porque tuve la bendición de tenerla hasta que falleció a los 101 años. Era una mujer con muchas anécdotas de su niñez y adolescencia en tiempos difíciles, y en los que como hermana mayor tuvo que dejar a un lado sus necesidades y sueños para ayudar a sus hermanos menores. Esas anécdotas me permitieron entender y agradecer más a Dios por todas las oportunidades que he tenido.

Algo muy curioso sucedió apenas un par de años antes de que abuela Segunda se enfermara. Un día estábamos en casa de mi hermana Idia y, como suele suceder cada vez que nos reunimos, terminamos todas las mujeres de la familia sentadas alrededor de la mesa del comedor hablando de miles de temas. En esa ocasión, por algún otro tema que ahora no llega a mi mente, abuela nos hizo una confesión. Ella siempre había pensado que la razón por la que yo había nacido con enanismo fue porque en una ocasión, siendo ella joven, vio a un hombre con la condición y le estuvo curioso. Para mí fue una sorpresa enterarme de eso, en primer lugar, porque ella nunca antes lo mencionó y en segundo lugar por la manera en la que ella concluyó que quizás mi condición había sido un castigo por su curiosidad. La realidad es que todos en algún momento hemos sido curiosos con algo y no por eso nos va a suceder algo similar. Creo que lo que no debemos hacer es pasar de la curiosidad a la burla. Y si de una cosa estoy segura es que mi abuela nunca hubiese llegado a eso.

Otra anécdota graciosa que recuerdo es de la época de mi preadolescencia en la que ya había alcanzado el total de lo que sería mi estatura equivalente a la de un niño de 5 o 6 años. Desde jovencita me gustó arreglarme y estar a la moda; tan pronto pude, comencé a dejar crecer mis uñas, a pintarlas y a maquillarme. Yo buscaba evitar que las personas me vieran como una niña pequeña, yo solo quería verme y ser tratada de acuerdo a mi edad, y el maquillaje se convirtió para mí en un aliado con el cual lograr ese efecto. Esto no era ningún problema hasta que íbamos al cine en familia, porque mi papá, para economizar un poco de dinero, al bajar del carro me cargaba en sus brazos y me daba instrucciones para que yo no me dejara ver bien por los empleados del cine. Así que yo escondía mis uñas cerrando los puños y metía mi cabeza en su cuello. De esa forma él no tenía que pagar por una "niña dormida" y que no disfrutaría la película.

Para esa misma época, un día fuimos a pasarlo en la finca de mi tío Guau (el apodo por el que todos lo conocían), quien era hermano de mi papá, y en un momento dado pasó la guagüita que vendía mantecados. Todos los primos corrimos hasta la orilla de la carretera para esperar que la guagüita pasara nuevamente en su ruta de regreso para comprar. La distancia entre la calle y la casa era de aproximadamente unos 100 metros en cuesta. Mientras esperábamos todos ansiosos, a mi papá, que siempre ha sido muy bromista, se le ocurrió la idea de disfrazarse con unos pantalones y camisa viejos y raídos, un sombrero de paja y un machete. Salió por la parte de atrás de la finca y caminó por la carretera que pasaba por el lado del terreno y de repente entró arrastrando el machete por la brea, desde el portón de la entrada. Cuando todos nosotros lo vimos, no sabíamos de quién se trataba y nos asustamos tanto, que emprendimos la carrera de los 100 metros sin vallas subiendo la cuesta. Yo no recuerdo haber mirado hacia atrás hasta llegar a la casa y tan pronto entré al balcón me subí a la falda de la primera de mis tías que encontré. Entre todos mis primos yo era la más pequeña en estatura (no en edad), pero en esa carrera desenfrenada en la que el miedo era un aliado poderoso, yo fui la primera en llegar a un lugar seguro donde el hombre que nos perseguía no pudiera hacerme daño.

Con mi familia materna disfrutábamos los veranos quedándonos por varios días en casas de playa. En una ocasión, cuando ya era adolescente, mi familia rentó varias villas para pasar unos días, en lo que había sido una base militar en el pueblo de Aguadilla. Como parte de las instalaciones militares que tenía el lugar, había una bolera, la cual estaba disponible para los que rentaban las villas. Una noche como grupo familiar fuimos a jugar y mis primas y yo pasamos junto a unos jóvenes que al verme comenzaron a hacer comentarios y gestos. Mi papá y otros varones de la familia se encontraban a cierta distancia y se dieron cuenta de la situación. Aunque estábamos acostumbrados a las miradas y los comentarios de la gente, esta vez hubo algo diferente. Los muchachos luego de señalarme hicieron gestos en los que simulaban alzarme y darme un beso mientras se reían. La indignación y coraje se apoderó de mi papá y de inmediato los confrontó. Su intención no era crear problemas, sino educarlos a respetar.

Las Navidades eran muy festejadas en familia al estilo puertorriqueño, dando parrandas casa por casa toda la noche. Recuerdo una en particular en la que todos cantábamos la canción navideña de moda en ese entonces, "Ese pobre lechón". Los adultos no se la sabían del todo bien pero yo sí, así que cuando uno de los músicos se dio cuenta, me subió encima de una mesa a cantarla. Yo, sin timidez alguna, la canté creyéndome que entonaba muy bien su melodía. Si hoy en día me sucede algo así, no se preocupe nadie, que no los voy a torturar.

En esa época festiva también recibíamos muchos regalos en nuestra casa y en la de nuestra familia, tanto para el día de Santa Claus como para el Día de Reyes. Mis padres no eran adinerados, pero entre los juguetes que recibíamos siempre había algunos que eran especiales o diferentes; al menos así siempre lo he pensado. Recuerdo con especial cariño varios de los regalos, entre ellos: una casita de metal (que debía utilizarse para guardar herramientas) y la recibimos con sillones, mesa y sillas de comedor y ¡hasta una vajilla! También recuerdo un trencito de baterías en el que dábamos vueltas a través de su pista mientras estábamos en un asiento en el vagón delantero.

Como ya les he mencionado, mis padres fueron clave para mi desarrollo y siempre que estuvo a su alcance me dieron la oportunidad de realizar actividades que me gustaran, ya que mi estatura nunca fue un impedimento para disfrutar como cualquiera otra niña. Una de esas actividades fue pertenecer a grupos de batuteras. Durante mi preadolescencia pertenecí al grupo de las Batuteras Vaqueras de Bayamón, en el que aprendí todo lo básico sobre este deporte. No pasó mucho tiempo cuando fui incorporada oficialmente al grupo y participaba de eventos con ellos. Una noche durante el receso de una de nuestras prácticas semanales, un grupo de niñas nos quedamos hablando. Al poco rato, un grupo de niños ajenos a nuestro grupo se acercaron en sus bicicletas y comenzaron a hacer comentarios burlones sobre mí. No sé si alguien le avisó a mi papá o él se dio cuenta de lo que estaba sucediendo y de inmediato puso a los niños en su sitio, logrando que desaparecieran y no volvieran a molestar.

Cuando yo tenía aproximadamente 13 años, mi hermana y yo nos incorporamos en otro grupo llamado Batuteras de Flamboyán Gardens, también ubicado en mi pueblo natal de Bayamón. En ese grupo estuvimos varios años y lo disfrutamos muchísimo. Fuimos el primer grupo en desarrollar rutinas utilizando música de canciones populares. Nuestra primera rutina fue con la música del tango Besos de Fuego, la cual fue todo un éxito y nos llevó a participar en eventos y campeonatos donde nos llevamos el primer lugar en varias ocasiones.

Alrededor de esa misma época, mi mamá y yo estábamos en un centro comercial y, de repente, una señora que venía caminando de frente a nosotras, y a la cual no conocíamos, detuvo a mi mamá y sin más ni menos le soltó su pregunta: ¿Esa nena ya es señorita? Refiriéndose a si ya había tenido mi período menstrual. No recuerdo la manera en que mi mamá manejó la situación, pero eso no importa porque estoy segura de que lo hizo de la mejor manera posible, sobre todo por mí. Lo relevante de esta anécdota es la forma en que algunas personas, dentro de su curiosidad, pueden cruzar la línea de intimidad de otros, sin tener precaución ni delicadeza. Esta y otras experiencias me han enseñado a entender, hasta cierto punto, el que las personas quieran recibir respuestas a sus preguntas, pero todo tiene un límite. Por esa razón es que siempre que tengo la oportunidad trato de educar a las personas sobre el enanismo, sus mitos y sus realidades. Quizás en este momento, al leer esta anécdota, también haya personas que tengan algunas preguntas, yo les diría que siempre que puedan aclaren las dudas, pero que lo más importante es cómo usted se acerque y formule su pregunta. Si lo hace con el respeto que merece la otra persona, estoy segura de que obtendrá de vuelta una contestación respetuosa.

En mi vida nunca han faltado otras personas que, aunque no sean familia siempre me trataron como tal y han sido claves, particularmente ofreciéndome buenos consejos. Este es el caso de nuestra vecina en la casa contigua a la nuestra en Bayamón; era una familia que tenían dos niñas y un niño. Las niñas eran contemporáneas en edad con mi hermana y conmigo, por lo que nos criamos como hermanas. En nuestra adolescencia las cuatro fuimos a una feria, la cual tenía como parte de sus atracciones la presentación de la mujer más pequeña del mundo. En ese momento no estaba segura de querer entrar a la presentación, pero luego decidí hacerlo. Antes de ese evento, yo había conocido algunas personas de pequeña estatura, pero no mantenía contacto con ellas, por lo cual no sabía cómo iba a resultar este encuentro. No fue lo que yo esperaba, pues pensé que podría hablar con la persona, pero no fue así. No sé si fue porque ella quedó impresionada al verme o porque no le permitían tener contacto con el público, pero me sentí decepcionada. Al salir de la atracción vino un hombre a hablar conmigo para proponerme unirme a ellos. Muy inteligentemente su ofrecimiento incluía salario, vivienda y ¡viajaría por todo el mundo con gastos pagos! Siendo aún tan joven, esa última parte de la oferta me llenó los ojos y salí entusiasmada con la idea de viajar por el mundo.

Al regresar a la casa de mis amigas, de inmediato y emocionadas, le contamos a su mamá sobre la oferta que recibí. La mamá de mis amigas que es una mujer inteligente y pragmática se sentó y habló conmigo para darme su mejor consejo. ¿Por qué iba yo a aceptar algo como eso? ¿Había yo sido educada para permitir que las personas se divirtieran a costa de verme como un objeto raro? ¿Me gustaría vivir lejos de mi familia? ¿Recibiría el respeto que yo merecía? Su intervención fue de gran importancia, pues al terminar ya yo había regresado a la tierra y cuando le conté a mi mamá, lo hice como una anécdota y no con la ilusión que sentí cuando me hicieron la oferta. Ahora al mirar hacia atrás y recordar esta experiencia, no puedo más que agradecerle infinitamente a Gladys por sus sabias palabras.

Al adquirir la madurez que llega con el pasar del tiempo hice mi propia opinión sobre este tipo de espectáculos en los que los productores solo piensa en su beneficio económico, mientras complacen a espectadores que disfrutan ver y reírse a cuenta de la condición física de otros. Esta práctica viene desde los tiempos de las cortes imperiales en los que incluían personas con enanismo como bufones con el propósito de hacer reír a los integrantes de la corte del rey. Con el pasar del tiempo, los espectáculos comenzaron a comercializarse y los productores incluyeron personas con otro tipo de condiciones para también ser observadas por el público, que lo veían como algo raro y/o gracioso.

En tiempos más modernos, los países que practican las corridas de toros, incluyeron espectáculos en los que personas con enanismo torean novillos. Una vez más, el público acude para reírse de esas personas. En otros países existen bares donde se lleva a cabo una práctica en la que personas de estatura promedio compiten para ver quién logra lanzar a mayor distancia a una persona con enanismo. Ambas prácticas han sido objeto de críticas y objeción por parte de otras personas pequeñas, ya que constituyen un problema de seguridad y salud para las personas de pequeña estatura aparte de que se considera un acto humillante y denigrante. Toda persona, sin importar su condición física, debe recibir un trato de respeto y tener un trabajo digno y seguro.

Los productores de estos espectáculos se justifican diciendo que les proveen empleo, salario y en ocasiones hasta beneficios, como techo y comida a estas personas. Por otro lado, las personas con enanismo que trabajan en este tipo de espectáculos se justifican diciendo que, en muchas ocasiones, son discriminados a la hora de solicitar empleos de otro tipo, no siendo así en la industria del espectáculo.

Opino que cualquier persona que tenga un verdadero talento tiene el derecho a trabajar en lo que le guste, como lo puede ser el espectáculo, siempre y cuando sea un trabajo seguro para su salud y que en él mismo reciba el respeto que todo ser humano merece. Algunos ejemplos de esto pueden ser los actores: Peter Dinklage, Mark Povinelli y Warwick Davis, entre otros. Sin embargo, con lo que no estoy de acuerdo es con aceptar trabajos que expongan a la persona a accidentes, y hasta perder la vida; además, que las denigren al ser sometidas a la burla del público. Hace varios años en Inglaterra se reportó un lamentable caso en el que un hombre con enanismo falleció a causa de los severos traumas recibidos al ser lanzado en una de esas competencias.

Valentía

Reflexión:
Tener la valentía de asumir el rol de la maternidad o paternidad con un hijo que llega con una situación inusual es clave para no intimidarse ante lo desconocido y, por el contrario, los lleva a esforzarse para buscar respuestas, aunque estas no sean fáciles de encontrar. La valentía los podría impulsar a cumplir sus sueños de ampliar la familia, exista o no la posibilidad de que se pueda repetir la historia. Los enseña a abogar para que su hijo sea valorado y respetado. También serán capaces de, en los casos que aplique, transmitirles las herramientas que necesitará para llegar a ser una persona útil a la sociedad, independiente y con el carácter necesario para que, llegado el momento, pueda abogar por sus propios derechos.

CAPITULO 2

NI UN CENTÍMETRO MÁS

La vida nos lleva por diferentes etapas y las experiencias nos van moldeando hasta lograr un grado de madurez en el que logramos aceptar nuestra situación de vida. Comprendí que vivir encerrada no me haría crecer ni un centímetro más. Por eso, salgo al mundo y vivo a plenitud.

Al tener solo 3 años comencé a pedir ir a la escuela, porque todos los días veía a los niños pasar frente a mi casa para ir a una escuela que quedaba en la misma calle. Mi insistencia fue tanta que, al cumplir los 4 años me matricularon en Kindergarten (Jardín de Infancia). A pesar de que mis padres me daban un trato normal, siempre tomaron en consideración el tipo de escuela e hicieron un gran sacrificio para que tanto mi hermana como yo estudiáramos en colegios privados casi toda nuestra vida escolar. Por lo cual mi primer año escolar lo hice en el Colegio Yasmín, el que también estaba localizado muy cerca de nuestra casa. Recuerdo que a esa edad, mi hermana tenía apenas un año de nacida y aún no caminaba muy bien, mientras que yo era un poco mas bajita que ella y desde temprana edad tuve limitación para caminar largas distancia, por lo que mami compró un coche de gemelos en el que ambas íbamos cómodamente todo el trayecto de la casa a la escuela y viceversa.

De los recuerdos que tengo de ese primer año en el colegio no hay ninguno negativo por la razón de mi estatura. Tanto mis compañeros, como el personal, me trataron con mucho cariño y respeto. Tan bueno fue el trato que me dieron que me hicieron sentir como cualquier otro estudiante y comencé a participar de los eventos extracurriculares. En la Navidad de ese año, participé en una obra teatral sobre el nacimiento de Jesús, en la que yo era el Ángel que anunciaba su llegada. Luego, para el mes de febrero mi maestra solicitó voluntarios para realizar un desfile de San Valentín y yo, ni corta, ni perezosa, me ofrecí para ser la reina. Fue todo un evento con un desfile desde la acera hasta el salón donde sería coronada. Mi mamá consiguió una persona que confeccionó mi vestido. Era blanco satinado, de falda corta acampanada y a través de todo el vestido aplicaciones de corazones pequeños rojos con el borde en pequeñas perlas blancas. Y no podía faltar la cola, lo suficientemente larga para que me sintiera como una verdadera reina. Me iba desarrollando en un ambiente con mucha naturalidad y sin sentirme diferente, pues realizaba lo mismo que el resto de mis compañeros de clase.

Al finalizar el Kindergarten comencé a pedirle a mis padres asistir a un colegio de monjas porque, por alguna razón, me llamaban la atención. Cuenta mi mamá que mi abuela paterna, Nicolasa, y quien era muy católica, estaba muy feliz porque también yo decía que cuando me hiciera mayor quería ser monja. Con el pasar de los años, cambié de opinión como se darán cuenta más adelante. Así que, dado mi deseo e insistencia fue como comencé a estudiar en el Colegio San Agustín. Allí estuve desde primer a octavo grado, de ahí también guardo muchos y muy gratos recuerdos de los maestros y de mis compañeros, con algunos de los cuales aún mantengo contacto. Durante los primeros años en ese plantel, el único ajuste que se hizo fue construir un banquito de madera, el cual utilizaba para apoyar mis pies mientras estaba sentada en el pupitre, ya que no llegaba al piso. De esa manera se evitaba el que estuviera todo el día con los pies colgando, se hincharan y me dolieran. Ese banquito lo tuve por muchos años puesto que mi crecimiento era lento. Cuando pasé a quinto grado la situación cambió un poco, pues los salones estaban en el segundo piso del colegio y ésto conllevaba subir las escaleras cargando un bulto repleto de libros. Por lo que todos los días alguno de mis compañeros varones me ayudaba a subir y bajar el bulto. Recuerdo un día en el que al salir de clases la señora que nos daba el servicio de transportación hasta nuestras casas, nos pasó a buscar y al llegar a mi casa, nos percatamos de que mi bulto no estaba. La razón era sencilla; mi compañero olvidó llevarlo hasta donde yo estaba, yo tampoco estuve pendiente y él tuvo que llevárselo para su casa hasta que mi papá llegó del trabajo y me llevó a buscarlo.

Mientras estudié en el Colegio San Agustín pasaron varias directoras por nuestras vidas; todas monjas y en su mayoría españolas. De todas ellas guardo muy buenos recuerdos, pero una en particular hizo algo por mí que jamás olvidaré y por lo que siempre le estaré agradecida. Este es uno de esos momentos en los que te das cuenta de que, en cierto sentido, tener una condición puede servir para que otras personas te den un trato especial. Sister Claire era una religiosa americana, su nombre lo dice; era una persona de un carácter fuerte y no tenía miramientos. Al que se portara mal, ella lo reprendía o castigaba sin temblarle el pulso. En una ocasión uno de los varones hizo algo inadecuado y ella lo acostó boca abajo en su falda y le dio unas cuantas nalgadas delante de todos los demás niños. Era tan estricta que yo le tenía miedo y no porque yo fuera indisciplinada, sino porque ella intimidaba con su carácter. Pero, en el fondo, era más que nada una pantalla.

Cuando mi hermana se iba a graduar de Kinder, yo cursaba el cuarto grado. La graduación se llevaría a cabo en un salón de actos en el mismo colegio. Yo estaba muy triste porque solo se permitiría la asistencia de los padres de los graduandos y yo no podría asistir para ver a mi pequeña hija desfilar. No tengo claro cómo fue que Sister Claire se enteró de mi sentimiento pero fue ella quien personalmente fue a mi salón de clases para buscarme. Yo no entendía qué estaba pasando; no había hecho nada incorrecto y lo único que pensaba era que me iba a castigar por alguna supuesta mala conducta. Para mi sorpresa, ella hizo una excepción y me puso a participar en uno de los números artísticos que realizarían otros estudiantes como parte del programa de graduación. Era obvio que yo no tenía idea de lo que se trataba el número musical, así que ella buscó un peluche al que yo estaría cargando durante la canción. La idea funcionó a la perfección, yo estuve presente en la graduación y mi tristeza cambió a pura alegría. Desde ese día, y en adelante, el miedo que yo sentía al verla desapareció y se transformó en agradecimiento. Varios años más tarde me enteré de que había fallecido en un accidente de auto y sentí mucha pena.

Sin embargo, no siempre uno se encuentra con personas sensibles, y a muy corta edad comprendí que los seres humanos adultos pueden ser implacables, aunque su furia sea injustificada y hasta sea contra un menor. Yo deseaba con todo el corazón que al llegar a sexto grado me tocara en el grupo de una maestra que impartía la clase de Historia. En los años anteriores, yo veía como ella convertía su clase en todo un escenario real de diferentes culturas. Los estudiantes debían vestirse y llevar alimentos de acuerdo al país que estaban estudiando y para mí era algo majestuoso y que me llenaba de mucho entusiasmo. Comenzó el año escolar y para mí "suerte" caí en su grupo. Todo comenzó bien, pero según fueron pasando los días, la maestra fue demostrando cómo era en realidad. Yo era una niña bastante inocente, con una conducta impecable y cualquier cosa que en mi casa se me hubiera enseñado que era incorrecta, yo no lo vería bien. La maestra era muy abierta en su forma de expresarse y utilizaba términos que para mí, debido a la educación recibida en casa, eran "terribles" e inaceptables. Un día utilizó la palabra "pato" para referirse a un hombre y llegué a mi casa indignada. Al contarles a mis padres lo sucedido, ambos fueron al colegio de inmediato a dar quejas de la maestra. La principal, quien era una monja, mandó a llamar a la maestra estando mis padres todavía en la oficina y le cuestionó su expresión. La maestra, ni corta ni perezosa, le explicó a la monja lo que significaba la palabra y la razón por la que la usó. ¡Mis padres me cuentan que la cara de la monja valía un millón de pesos! Al regresar al salón de clases la maestra llegó hecha una furia y comenzó a decir indirectas contra mí como desahogo a la reprimenda que acababa de recibir. Fue tanto su coraje, que de ese día en adelante mis notas en su clase comenzaron a bajar y ella no dejaba pasar oportunidad para hacerme sentir mal. Logré terminar el semestre, pero mis padres tuvieron que solicitar que me cambiaran de grupo para el segundo semestre. Esto fue algo que me dolió mucho, no solo porque no entendía el comportamiento de la maestra, sino porque no llegué a participar en ninguno de los eventos culturales que tanto ansiaba. Muchas veces la gente piensa que las personas que tenemos esta condición tenemos una vida perfecta, pero la realidad es que también sufrimos decepciones sin importar a la temprana edad que sea.

El resto de mis años en el colegio corrieron sin mayores percances. Como ya les dije, fui una niña quizás demasiado buena y no me atrevía a hacer nada indebido, pero eso no me impedía disfrutar y reírme de las maldades que mis compañeros más atrevidos hacían. En séptimo grado, mi grupo pasó a ocupar el salón de actos del colegio y todos los días, antes de la clase de Religión, algunos de los estudiantes preparaban alguna maldad para nuestra maestra, Madre Rosaura. A veces era rezar el Padre Nuestro con ritmo, otras eran colocar frente a una puerta varias sillas unas encima de otras en la parte posterior de la tarima y que alguien del otro lado abriera la puerta para que cayeran todas en medio de la clase o sencillamente distraer al grupo con alguna ocurrencia. Eran maldades inocentes y yo me las gozaba todas, aunque no participaba de ellas.

Luego entré a la pubertad, hoy en mi adultez creo que fue la peor etapa. No solo atravesé la etapa de dejar la niñez para entrar en una etapa de creerme grande, como toda adolescente, sino también porque muchos de los sentimientos que experimenté nunca los compartí con nadie hasta este momento en el que escribo mis vivencias. Recuerdo que ya tenía unos 12 años cuando un día conversando con unas amigas, éstas hablaban de que ya habían tenido su período menstrual. Cuando me hicieron la pregunta de si ya había tenido mi período les contesté que sí, lo cual era falso, pero de inmediato me di cuenta que podían seguir haciendo preguntas, así que rápidamente les dije que mi experiencia había sido reciente y de una duración muy corta. Pensé que con esa contestación no indagarían mucho, pero la realidad es que no fui capaz de ser honesta y decirles que todavía no me había sucedido. Yo quería ser como las demás, y no necesariamente era tener su misma estatura, pero sí vivir las mismas experiencias de cualquier jovencita de esa edad. Y sí, aunque tardó un poco, el tan esperado momento llegó-mi primer ciclo menstrual. Eventualmente, y como nos pasa a muchas féminas, hubo momentos en los que no quería tener la 'regla' y deseaba regresar a los años de 'libertad' sin el período menstrual; muy en especial cuando por ejemplo no podía ir a la playa.

En esa etapa de la adolescencia, la mayoría de mis compañeras de clase tenían novios o estaban enamoradas. Yo tampoco había pasado por esas experiencias y quería tenerlas como cualquier otra joven de esa edad. Siempre recuerdo una tarde en el colegio, el cual estaba ubicado en los mismos predios de la iglesia, que nuestro grupo tuvo una hora libre, y varias chicas nos fuimos a una esquina de la iglesia que daba hacia la calle. En ese coloquio, el tema principal eran los chicos, y el propósito de estar aglomeradas allí era precisamente esperar a un grupo de varones que algunas de mis compañeras conocían, pero que no estudiaban en el colegio. Era una forma de socializar con ellos a través de la verja. Mi ilusión era que alguno de ellos se fijara en mí, pero eso no ocurrió. Ese fue un momento crucial en mi vida, porque vi una realidad que quizás hasta ese momento no había querido o no había tenido la oportunidad de ver. No todas las personas están preparadas para entablar relaciones sentimentales con personas que tengan alguna condición física o médica. Algunos factores determinantes que contribuyen a la existencia mínima de relaciones especiales o diferentes a las 'expectativas' de la sociedad son el desconocimiento y el miedo a lo 'diferente', ésto sumado a tener que enfrentar a una sociedad que determina lo que a sus ojos "está bien o no".

La vida me ha enseñado que hay diversidad de personas y, no porque una persona no quiera o pueda sentir atracción por alguien diferente, eso lo hace una mala persona. La realidad es que el carácter y la sensibilidad de todos los seres humanos se desarrolla por la influencia de diferentes aspectos de su vida -familia, recursos, oportunidades, entre otras cosas- y cada uno de esos aspectos te hacen ser de X o Y manera. Existen personas que son más abiertas a relaciones "diferentes" y otras que no tanto; todo va a depender del trasfondo de cada persona.

Recuerdo que cuando cursaba el octavo grado hicimos nuestros primeros bailes de marquesina. Yo estaba muy emocionada porque siempre me ha gustado el baile, aunque ya no puedo hacerlo igual- esa historia se las contaré más adelante. Mi esperanza era que alguien me sacara a bailar... Sería la primera vez en bailar con alguien que no fuera mi papá, quien hasta ese momento siempre bailaba conmigo en las fiestas. Nadie bailó conmigo, fue una de varias decepciones que se sumaban en mi vida. Ese 'sin sabor' no fue motivo para que no me gozara la música, aunque fuera escuchándola y cantando las canciones…, pero les confieso que hubiera dado cualquier cosa por haber bailado el bolero "El Reloj", cantada por Cheo Feliciano. Luego de enfrentar esta realidad, continúe mi vida sabiendo que el tema del amor no era algo muy seguro en mi jornada de vida.

Pasaron varios años antes de descubrir que sí existía la posibilidad de encontrar el amor. Al graduarme de octavo grado, pasé a estudiar a otro colegio católico, al cual siempre he llamado "la cárcel de mujeres". Era un colegio solo para niñas, por lo que la etapa en la que debía desarrollar más confianza en el aspecto sentimental y compartir con varones, no tendría cabida. Además, en esa época yo era muy tímida. En el mismo pueblo, había otro colegio católico que era solo para varones. Como costumbre se estableció que cada viernes los chicos de ese colegio llegaban a los predios de nuestro colegio a la hora de salida en búsqueda del amor. Demás está decirles que nunca conocí alguno de esos chicos; nadie me presentó con ninguno de ellos y tampoco ellos se acercaron a mí. Otra costumbre era que ambos colegios llevaban a cabo bailes de recaudación de fondos y en los mismos participaban los estudiantes del colegio contrario; de esa forma se complementaba la parte social con el sexo opuesto, la cual no teníamos durante los días de clase. Tampoco asistí a ninguno de esos bailes, pero eso cambiaría drásticamente.

Estando yo en décimo grado, la compañía para la cual trabajaba mi papá cerró operaciones, y él recibió una oferta para trabajar en otra compañía en el pueblo de Canóvanas, a una distancia de más de una hora en auto desde nuestro hogar, eso si no había congestión de tránsito. Durante casi un año, mi papá viajó diariamente a su trabajo. En ocasiones, debido a su rol de electricista, él tenía que quedarse horas extras cuando alguna de las máquinas se dañaba, y en varias ocasiones pasó situaciones en las que si regresaba tarde en la noche le daba sueño y era peligroso. Por lo que, luego de pensarlo y analizarlo, mis padres decidieron que debíamos mudarnos más cerca de su trabajo. Así comenzó la búsqueda de una casa en esa área de Canóvanas, y finalmente nos mudamos durante el verano de ese año. De esa forma, mi hermana y yo no tendríamos que hacer un cambio de escuela a mitad del año escolar.

Una noche salimos a una panadería que estaba cerca de nuestra nueva casa. Yo bajé con mi papá y luego de hacer la orden de lo que quería, regresé al auto con mi mamá y mi hermana. Unos minutos más tarde, mi papá regresó con lo que había comprado y me preguntó si podía volver a entrar con él porque la dueña de la panadería me quería conocer. Para mi sorpresa (no grata), la señora tenía la creencia (al igual que tristemente otras personas) de pensar que las personas con enanismo damos buena suerte. Así que, ella me tocó la cabeza y me echó la bendición. Como siempre me enseñaron a ser educada, me limité a sonreír y tan pronto pude salí de allí disimulando mi molestia. Primeramente porque, en general, a las personas adultas con enanismo no nos gusta que nos toquen la cabeza. Lo consideramos un trato de inferioridad, pues sentimos que nos tratan como a un niño. Además, por mi mente pasaba lo absurdo de su creencia sobre la suerte. Imagínese, de ser así, todo el que me rodeara tendría una vida perfecta y no puedo imaginar cuán increíble sería la mía- sería millonaria, la mujer más hermosa o quién sabe?... a lo mejor sería alta?

Al mudarnos a Canóvanas no conocíamos nada sobre el área, por lo que no solo buscamos casa, sino que también había que buscar colegio para mi hermana y para mí. El colegio más cercano llegaba solo hasta octavo grado, así que fue descartado porque mis padres querían que mi hermana y yo estuviéramos en el mismo lugar. La próxima opción era un colegio en el pueblo de Carolina, pero cuando hicimos el examen de evaluación, yo no lo pasé. La realidad es que en mis primeros años escolares mantuve buenas notas, pero luego no fui lo suficientemente aplicada y mis notas bajaron. En ese momento no hubo más opción, por primera vez iríamos a una escuela pública. La escuela que estaba ubicada en el mismo pueblo de Canóvanas ofrecía currículo para estudiantes de intermedia en la mañana, y en la tarde el currículo correspondía para estudiantes de escuela superior. Mi hermana comenzaría su séptimo grado ese año (currículo de la mañana), y yo estaría cursando el undécimo grado de escuela superior en las tardes. Cuando mi hermana se enteró del horario escolar, se ofreció para guiarme y ubicar mis salones de clases de manera más rápida. El primer día de clases, llegué al medio día a la escuela y esperé a mi hermana en la entrada como previamente habíamos acordado, pero ella aún no llegaba. Había tantos estudiantes en el patio frontal del plantel que yo estaba confundida. No sabía si la cantidad de estudiantes allí eran del grupo matutino que ya había salido y estaban socializando o era el grupo vespertino que esperaba para entrar. Así que decidí explorar por mi cuenta.

Comencé a caminar a través del patio y según subía las escaleras que llevaban al plantel escolar y caminaba por los pasillos, sentía que por cada paso que yo daba se aglomeraban varias personas. Opté por no mirar hacia atrás para confirmar la aglomeración que sentía. Quizás reaccioné así por la forma en que me educaron en mi casa (pasar por alto y no ser grosera) o tal vez fue un poco de orgullo para demostrar que yo podía sobrepasar la situación. Finalmente, llegué hasta el segundo piso totalmente desorientada y tratando de ignorar lo que sucedía. Algunos estudiantes se reían, otros hacían preguntas o comentarios hirientes y me señalaban, hasta que llegó el momento en que me hicieron un cerco del que casi no podía salir. Como todos los estudiantes eran más altos que yo, trataba de mirarlos a todos pero me sentía como estar dentro de un caleidoscopio, mi cuerpo intentaba girar pero mi cabeza iba hacia otro lugar y mi mente sentía que habían miles de ojos y voces atacándome. Cuando ya no pude más comencé a llorar desesperada y fue en ese momento en el que una maestra salió a ver lo que sucedía y me rescató llevándome a su salón de clases. ¡Gracias a Dios!

De allí me llevaron a la oficina de la directora y ésta llamó a mis padres. Mientras todo esto ocurría, mi hermana estaba frente a la escuela buscándome; al enterarse de lo que estaba pasando llegó a la oficina para darme su apoyo y acompañarme. Al llegar mis padres a la oficina de la escuela, la directora se excusó y recomendó que me llevaran a casa para que me calmara. Una vez llegamos a la casa les dije a mis padres que yo no volvería a esa escuela, pensando que después de lo sucedido estarían de acuerdo conmigo, pero para mi sorpresa recibí un rotundo NO por respuesta. De acuerdo a mis padres, la solución no era esa sino que debía volver al otro día como si nada hubiese ocurrido, debía enfrentarlos y demostrarles que no había razón para tratarme así. En ese momento no comprendí la decisión de mis padres pero hoy en día les agradezco desde lo más profundo de mi corazón su manera de manejar lo sucedido. El tiempo me ha hecho comprender que la vida no es fácil para nadie y todos en algún momento debemos enfrentar situaciones y tratar de vencerlas con las herramientas y los recursos que tengamos. Si ellos hubieran accedido a mi deseo, mi vida hubiera sido diferente; posiblemente no hubiera alcanzado otras metas, no hubiera conocido tanta gente maravillosa a través de los años, no hubiera terminado de estudiar, no hubiera tenido los trabajos que tuve, etc., etc., etc...

Al día siguiente de ese "primer día" de clases, mi hermana llegó a la escuela a su currículo matutino y observó que durante toda esa mañana la directora se dedicó a visitar cada uno de los salones para hablar a los estudiantes sobre el respeto a todos los seres humanos y advertirles que no toleraría ningún otro incidente similar. Casualmente en ese año escolar, otro jovencito con una condición física diferente a la mía se había integrado en esa misma escuela. Lamentablemente él también tuvo situaciones negativas el día anterior. Eso me hizo ver que no estaba sola y, aunque ese joven y yo no compartimos la misma condición, si tendríamos en común el enfrentar a diario las diferentes situaciones que la vida nos presentara.

Cuando regresé nuevamente a la escuela al día siguiente, bajé de la guagua (transporte escolar) y suspiré profundamente; esperaba la misma reacción otra vez, puesto que no sabía lo que había hecho la directora escolar. Para mi sorpresa, no fue así; nadie me siguió, apenas me miraban y mucho menos nadie me hizo comentario alguno. Caminé hasta la entrada y, como no había comenzado aún el currículo de la escuela superior, me senté en la escalera a esperar a que sonara el timbre. Ese segundo día quizás fue más difícil que el primero, porque nadie se atrevía a acercarse ni a hablarme. En los días subsiguientes, poco a poco se fueron acercando varios alumnos, quienes se convirtieron en mis mejores amigos durante los dos años que estuve allí. Increíblemente mis notas comenzaron a mejorar consistentemente. No sé si fue que, a pesar de la experiencia negativa del primer día, el cambio de escuela me vino bien o si fui yo la que cambió, logré terminar mi cuarto año de escuela superior con honores. Ese logro también me ayudó a sentirme mucho mejor y aumentó mi autoestima.

Jamás pensé que el cambio de escuela también traería otras cosas positivas para mí. Durante el primer semestre conocí a un joven que poco a poco fue mostrando un interés especial en mí. ¡Finalmente, cupido se había acordado de mí! Quedaron atrás las inseguridades que tenía hasta ese momento al pensar que no era atractiva para los chicos. Sobre todo, porque este joven era de estatura promedio y siempre demostró no importarle la diferencia de estatura entre nosotros. Nos hicimos novios y aunque la relación no fue muy duradera, me sirvió para aprender de ese sentimiento que todos buscamos y anhelamos. Ambos actuábamos como cualquier otra parejita de esa edad; aprovechábamos cualquier tiempo libre para pasarla juntos, caminábamos tomados de las manos y la escuela entera conocía de nuestra relación. Recuerdo el día que le conté a mis padres que le había dado el "sí" al chico; estábamos sentados en la mesa del comedor y mi papá se disponía a abrir una lata de refresco justo cuando solté la noticia. Lo que más quedó guardado en mi memoria fue su mano temblando ante la noticia. Sin embargo, a pesar del nerviosismo, todo fluyó con naturalidad y mucho apoyo. Como la mayoría de los padres, los míos me dieron el discurso sobre la conducta que esperaban de mí, sus reglas y las precauciones, pero no se opusieron a la relación. Por el contrario, se mantuvieron en su estado natural siendo bastante receptivos y complacientes como siempre han sido con nosotras. Durante el proceso, me di cuenta de que la relación no estaba resultando como yo esperaba, por lo que también experimenté lo que es sufrir por amor y entendí que no estaba exenta de aprender sobre ese tema.

Desde pequeña me encantó bailar y tuve una muy buena maestra, mi mamá, quien me enseñó a bailar los ritmos caribeños, salsa, merengue, guajira, guaguancó, cumbia y cha-cha-chá. El baile me gustaba tanto que imitaba a Iris Chacón, la Vedette de América. No me perdía su programa y trataba de recrear sus coreografías, por lo que en todas las reuniones familiares me pedían que bailara como ella. ¡La inocencia nos lleva a hacer cosas inimaginables!

Mis últimos años de escuela superior coincidieron con la época del género de la música Disco en la que John Travolta le dio un giro a lo que al baile se refiere. Así que, combinando mi pasión por la música y teniendo una base en el baile, cuando llegó la música Disco se me hizo fácil aprender los pasos de ese nuevo género. Algunos de mis amigos en la escuela habían sido criados en los Estados Unidos y sus familias habían regresado a la isla, por lo que ellos fueron clave para que me empezara a gustar la música americana.

Las fiestas que en aquellos tiempos se conocían como *"Disco Parties"* se hicieron cada vez más populares. Cuando cursaba el duodécimo grado, hacíamos bailes cada mes para recaudar fondos para nuestra clase graduanda. No me perdí ni uno de los bailes! Cada uno de los *"Disco Parties"* era como un evento familiar, mientras mi hermana y yo pasábamos la noche bailando, mi papá ayudaba junto a otros padres en la cantina vendiendo refrigerios y frituras, mientras que mi mamá ayudaba a las maestras cobrando la entrada a la fiesta. Jamás pensé que mis amigos varones se iban alternar para bailar conmigo; no les importaba el bailar con alguien que era casi la mitad de su estatura y eso me hacía sentir bien. Fueron momentos que me dieron mucha seguridad. Puedo decir, sin lugar a dudas, que disfruté ese año hasta más no poder, y ciertamente fue una de las mejores épocas de mi vida. Me gusta mucho la música latina, pero la música americana, sobre todo la que surgió a finales de la década de los 70's, me trae tantos recuerdos felices, que hasta le he llegado a comentar a mi hija que, si algún día estoy postrada en cama sin poder hablar, me ponga esa música, porque estoy segura que me llenará de alegría.

Para la Navidad de ese año, mi clase graduanda también realizó un baile de Navidad *"White Christmas Party"*, el cual estuvo amenizado por el Gran Combo de Puerto Rico. Debido a que mis compañeros de baile no dominaban los ritmos tropicales, no tenía parejos para bailar, por lo que gracias a Dios, recuperé mi parejo anterior, mi papá, y pude bailar toda la noche, pero compartiéndolo con mi mamá y mi hermana. Recuerdo que en un momento dado mientras bailaba con mi papá, nos acercamos a la tarima y los cantantes de la orquesta le hicieron señas a mi papá solicitando permiso para bailar conmigo. Baile con Jerry Rivas y Charlie Aponte y una vez más viví una experiencia única gracias a mi estatura.

En aquella época (desconozco si aún es costumbre), las clases graduandas hacían diversas actividades para recaudar fondos, entre esas actividades hacían una competencia entre féminas de la clase en la cual la que más recaudara fondos (dinero) se convertía en la reina de la clase graduanda. En ese momento había quedado atrás el mal rato de mi primer día de clases en esa escuela; para ese entonces tenía muchas amistades y participaba junto a la directiva de la clase en las actividades de recaudación. Esto impulsó mi decisión de participar en la competencia entre féminas de la clase. Tan pronto informé mi decisión a mis padres, el apoyo familiar fue inmediato y comenzamos a realizar eventos para recaudar fondos. Desde eventos de juegos de bingo entre amigos y familiares en los que no solo las personas jugaban y se llevaban premios sino que también vendíamos frituras y refrescos para aumentar el recaudo. Hubo venta de donas y bizcochos, hicimos varios *"Disco Parties"* (era lo que estaba de moda en esa época) y hasta mi papá colectó latas de aluminio para venderlas y añadir al resto del dinero recaudado.

Todo ese esfuerzo rindió frutos y, al final de la competencia, fui proclamada la reina de la clase. Mis deseos de ayudar a la clase y lograr convertirme en la reina no hubieran sido posible sin el apoyo y entrega total de mis padres, quienes de igual forma repitieron su compromiso y entrega tres años más tarde cuando mi hermana también logró coronarse como reina de su clase.

Mi coronación fue un momento muy especial que nunca podré olvidar. El tema que seleccioné para ese evento fueron las aves. Y si piensan en el ave más hermoso, creo que coincidirán conmigo en que es el Pavo Real y, aunque es el macho el que tiene un plumaje hermoso por sus colores, a mí no me importó el sexo y así se convirtió en mi representación. Mi traje y la cola fueron confeccionados en una tela color azul pavo y tenían aplicaciones de lentejuelas bordadas a mano que simulaban plumas en tonos de azul, verde y dorado. De mis hombros salía un adorno hecho con plumas reales de Pavo Real y el mismo cubría en semicírculo la parte posterior de mi cabeza y espalda. Los demás integrantes de la corte representaron otras aves, el pollito (representado por el más pequeño de mis primos maternos) desfiló llevando la corona, también presentes desfilaron el Ave del Paraíso, la Cotorra y otros.

Un detalle que formaba parte del importante atuendo que llevaría en esa noche especial, eran los zapatos. El tener un tamaño de zapato 13 de niña, ha hecho durante toda mi vida, que la búsqueda de estilos apropiados no sea un proceso fácil para mi. Yo quería lucir unos zapatos de tacón alto, por lo que mis padres siempre dispuestos a complacer a sus hijas comenzaron a investigar la manera de lograrlo.

En aquella época en Puerto Rico había una tienda llamada Almacenes Rodríguez, la cual tenía sucursales a través de la isla y tenía una variedad muy bonita de zapatos femeninos y a precios asequibles. Una tarde llegamos hasta la tienda principal donde también se ubicaban las oficinas centrales; estando allí mi papá solicitó hablar con el dueño. Tuvimos la bendición de haber llegado justo un día antes de que el señor Rodríguez saliera de viaje para la Riviera Francesa en donde tenían sus talleres de manufactura. Le explicamos mi deseo de tener zapatos de mujer en un tamaño de niña y el señor Rodríguez se comprometió hacer lo posible para que crearan un molde especial para mí y con ese molde hacerme el estilo que me gustara. Me sentía muy emocionada y esperanzada de poder calzar zapatos de tacón alto por primera vez. Esa misma noche fuimos a visitar a uno de los hermanos de papi, mi tío Nato y éste, al enterarse de nuestros trámites, buscó su billetera y me regaló el dinero para que pagara los zapatos. Este detalle de mi tío lo recuerdo con mucho cariño, al igual que su amplia sonrisa cada vez que nos veíamos.

Cuando el dueño de la tienda regresó al cabo de varias semanas de Francia se comunicó con nosotros para que fuéramos a probarme los zapatos. Había traído tres pares del mismo estilo en negro, crema y azul. Como se imaginarán los compramos todos; era una oportunidad única y ya tenía el dinero para eso. ¡Por fin tuve mis primeros zapatos con tacos gracias a mis padres, al Sr. Rodríguez y a mi tío Nato! Los azules fueron los escogidos para mi noche de coronación.

Como toda reina, debía desfilar con mi rey consorte, pero no tenía una pareja para ese momento. Por lo que me di a la tarea de buscar un voluntario que no fuera muy alto para que no nos viéramos muy diferentes durante el evento. No sé si esto fue mi idea o quizás alguien lo sugirió, pero ahora que lo pienso, no debió de ser así pues la realidad es que las parejas no tienen que ser iguales. Algunos compañeros y amigos de la escuela querían participar, pero siendo el evento tan cerca de la fecha de graduación se les hacía difícil incurrir en más gastos. Luego de una intensa búsqueda, al fin encontré un voluntario, aunque era de un grado menor.

El único detalle que no me gustó del baile de coronación fue que no pude bailar como hubiese querido debido a que el traje no me lo permitía. Sin embargo, hubo algo que me hizo sentir muy feliz - el apoyo leal de los miembros de mi familia paterna y materna al asistir al evento.

Sin duda alguna, el cambio al mudarnos de pueblo fue uno drástico para toda la familia, pero lo cierto es que a mí me cambió la vida para bien. Conocí mi primer amor, encontré excelentes amigos que me trataban como a los demás y, definitivamente, las experiencias vividas, tanto las negativas como las positivas, me hicieron crecer emocionalmente. Entendí que la estatura no debía ser un obstáculo en mi vida y que estaba en mí el ser feliz.

Al terminar la escuela superior fui admitida a estudiar en la Universidad de Puerto Rico Recinto de Bayamón en la facultad de Pedagogía.

Yo estaba convencida de que mi vocación era ser maestra de educación especial. Durante el segundo semestre, como parte de una clase de psicología básica, nos asignaron un proyecto en el que debíamos realizar un estudio en un salón de clases con estudiantes reales. A través de mi tía materna, titi Nena, como le decimos cariñosamente y quien era maestra de primer grado, conseguí la autorización para visitar su salón de clases. Me bastaron los dos días que proponía la duración del proyecto para comprender que esa no era mi vocación.

Cuando lo analizo hoy, reconozco que siempre estuvo en mí el deseo de apoyar a otras personas que como yo tuvieran alguna condición que les requiriera algún tipo de ayuda, pero definitivamente no era a través de la pedagogía. La situación que viví en esos dos días fue un poco frustrante para mí, puesto que la reacción de los niños fue de curiosidad y yo percibí que no me veían como la figura que imparte la enseñanza. Tuve que contestar la misma pregunta muchas veces: ¿Por qué eres chiquita? No es que me molestara contestarles, pero me di cuenta que esto ocurriría por un tiempo cada nuevo año escolar y no estaba segura de querer pasar por eso en cada ocasión que llegaran nuevos niños. Hoy día conozco personas con mi condición que son maestras, y me parece que una parte importante de ejercer la profesión es tener buena química con los niños y quizás esa área no sea mi fuerte.

El verano siguiente lo pasé pensando qué iba a estudiar pero no lograba decidirme. Un día mi mamá habló conmigo y me dijo que debía tomar una decisión porque en la casa no me quedaría sin hacer nada y las vacaciones de verano ya llegaban a su fin. Ella me sugirió que estudiara Ciencias Secretariales al igual que ella, aunque nunca trabajó porque se dedicó a cuidarnos a mi hermana y a mí; ella pensaba que me iba a gustar. Accedí a su sugerencia, y tan pronto comencé a estudiar mi nuevo programa, me gustó mucho y supe que completaría esa carrera. Hice solo un Grado Asociado porque estaba deseosa de trabajar y comprarme un carro.

Superación

Reflexión:
La vida está llena de retos, decepciones, mitos… Algunos de estos serán más desafiantes que otros, pero es importante aprender a manejarlos y buscar soluciones para lograr sobrepasarlos. Se debe luchar para no permitir que las experiencias negativas dominen tu futuro y te limiten a continuar adelante. Cada experiencia vivida es clave para forjar tu carácter. Aprende a no rendirte, supérate y lucha por tus sueños. Aprende a ver el lado positivo de las situaciones adversas y a disfrutar de las bendiciones que recibas.

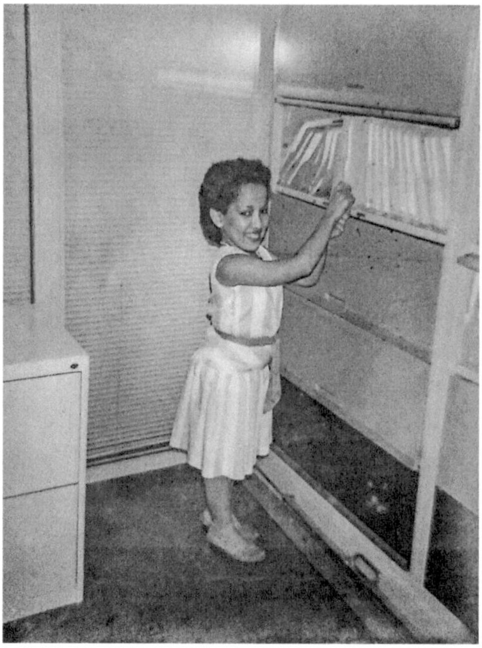

CAPITULO 3

VENCIENDO MI DISCAPACIDAD

La discapacidad que pueda tener alguien que quiere realizarse profesionalmente y lograr una independencia, solo será un impedimento mientras los demás vean la discapacidad de forma negativa.

Tuve la bendición de que antes de terminar mi carrera académica, había sido recomendada por una de mis profesoras para trabajar en la compañía farmacéutica Smith Kline & French (SK&F)®. Fui citada a entrevista y de inmediato me reclutaron para trabajar como Oficinista con la Gerente de Igualdad de Oportunidad de Empleo en el departamento de Recursos Humanos (RH), lo cual fue una escuela para mí. Al trabajar para ese departamento tuve la gran oportunidad de aprender sobre la ley ADA American Disability Act, que es la ley de protección para la igualdad de empleo para las personas con discapacidades. Comencé a asistir a seminarios sobre el tema e inclusive fui invitada como oradora en algunos de ellos. Aún recuerdo como si fuera hoy la primera vez que hablé frente a un público, estaba aterrada pero utilicé una técnica que alguien me recomendó para romper el hielo y eso me ayudó. Al llegar mi turno para hablar, me paré al lado del podio y de inmediato le expresé a los asistentes que no me podía parar detrás del podio porque no me podrían ver. Ese comentario hizo reír a la audiencia y me sirvió a mí para relajarme y poder continuar con más confianza.

Un tiempo después fui asignada para proveer apoyo a los Supervisores de Seguridad y Adiestramiento. Recuerdo que el departamento de RH tenía dos oficinas cerradas para los directores, los supervisores y gerentes estaban ubicados en cubículos con paredes altas, y las secretarias y oficinistas teníamos cubículos con paredes más bajitas. Los primeros cubículos con paredes altas eran de los supervisores de Seguridad y Adiestramiento quienes, dada su altura, acostumbraban a mirar por encima de las paredes cuando alguien entraba al departamento. En varias ocasiones éstos se quedaron petrificados cuando según ellos la puerta se abría y cerraba y nadie pasaba. Era yo, pero por mi tamaño no podían verme.

Inmediatamente comencé a trabajar en SK&F® se hizo un acomodo razonable para mí. En ese entonces, el estacionamiento de empleados era frente al almacén y debíamos pasar del almacén a las oficinas atravesando una puerta eléctrica que abría utilizando un cable que colgaba del techo. Como imaginarán, el cable había sido instalado de manera accesible para personas de estatura promedio, por lo que yo no podía alcanzarlo. Así que rápidamente le hicieron una extensión al cable para que yo no tuviera que esperar por nadie para que abriera la puerta. Las primeras personas que pasaron por la puerta eléctrica luego de la modificación no entendían la razón por la cual el cable ahora era más largo, pero una vez me iban conociendo entendían la razón.

En este, mi primer trabajo, también surgió la primera invitación de salir a compartir con varias compañeras luego del horario de oficina y tomarnos unos tragos. Mi personalidad nunca ha sido de ese tipo de salidas y bebo muy poco alcohol, pero me presionaron y me vi obligada a aceptar la invitación. Fuimos a un restaurante que también tenía un área de bar y fue precisamente allí donde mis compañeras fueron a sentarse. Mi primera reacción fue de frustración y miré que el largo de las patas a las asentaderas de los taburetes eran literalmente de mi estatura. ¿Cómo me iba a sentar allí si no tenía algo que me sirviera de escalera? ¿Acaso no se daban cuenta de que era imposible para mí? Tuve que decirles lo que era obvio, y entonces ellas me subieron a la silla. El restaurante estaba prácticamente vacío, pero para mí fue como si hubiese estado lleno de comensales y todos estaban mirándome. De este evento aprendí a decir no cuando no me siento cómoda con algo y a ser yo quien decida si quiero sentarme en algún lugar alto, pidiéndole ayuda a una persona con la que yo me sienta cómoda, y no cuando otros quieran.

Al pasar los años tuve la oportunidad de solicitar otro puesto y fui ascendida a Especialista de Recursos Humanos. Este trabajo me abrió las puertas a un mundo de inclusión. Encontré un gran grupo de compañeros que me ayudaron y me brindaron su amistad. Desarrollé mayor confianza en mis capacidades y pude apoyar diferentes programas desarrollados por la compañía. Como parte de las iniciativas de la compañía, se celebraban diferentes tipos de eventos tanto internamente como para la comunidad y siempre que me solicitaban apoyo, yo aceptaba con mucho gusto. Me sentía incluida, parte de una organización que me tomaba en cuenta. En una ocasión, para la época Navideña realizamos una fiesta para los niños que residían cerca de la compañía y realizamos un drama en el que yo personifiqué un hada madrina. En otra ocasión, me vestí de abeja y realizamos un video para llevar un mensaje a los empleados sobre un nuevo programa de computadora que se utilizaría en el área del Almacén. Recuerdo también una sorpresa que realizamos a un nuevo gerente. Durante una asamblea general se le dio la bienvenida a la compañía y le indicaron que una caja enorme que se encontraba al frente era un obsequio para él. Cuál fue su sorpresa cuando al quitarle la tapa a la caja salí yo de ella. En fin, aprendí, me desarrollé y disfruté mucho mi primer trabajo.

Al cabo de varios años, tomé la decisión de renunciar para intentar establecer un negocio propio, pero esa ilusión no duró mucho y luego de varios meses me di a la tarea de buscar empleo nuevamente. Por aproximadamente un año tuve la oportunidad de trabajar para una compañía pequeña con un grupo de excelentes y brillantes mujeres. De inmediato hice amistad con la más jovencita de todas quien era muy traviesa y jocosa. Recuerdo que cada una de nosotras teníamos una oficina con cristales al frente. Un día fui a trabajar con una falda que recibió muchos elogios de mis compañeras porque era de una tela suave que tenía plisados horizontales, y eso hacía que se moviera de lado a lado con mucha facilidad. Ese día mi amiga y yo decidimos hacerle una maldad a otra de las compañeras quien se encontraba reunida con una persona la cual quedaba de espaldas al cristal de la oficina. Yo me paré frente al cristal y reviviendo mis años juveniles comencé a bailar moviendo mis caderas al estilo Iris Chacón. Aún disfruto al recordar como nuestra compañera hacía un esfuerzo sobrehumano para contener sus deseos de reírse.

Luego de esa corta jornada laboral, nuevamente fui bendecida con un buen trabajo, esta vez con una división de Johnson & Johnson, McNeil Pharmaceutical®. Me citaron a entrevista para una posición temporera y ese mismo día comencé a trabajar como secretaria en el departamento de Servicios Técnicos. Para mí fue una sorpresa, ya que mi primer trabajo fue gracias a una recomendación y, aunque yo di lo mejor de mi para que me escogieran, siempre los empujoncitos son buenos. Esta vez nadie me había recomendado, solo mi resumé y una buena entrevista. Las dos semanas que duraría mi contrato temporero se convirtieron en dos años.

Pasó mucho tiempo antes de que me enterara de una anécdota que le había sucedido a uno de los supervisores en mi primer día de trabajo. Yo iba sola caminando por el pasillo que conducía del área de manufactura hacia el laboratorio. El supervisor venía de su oficina en el área de empaque y al llegar al mismo pasillo por donde yo iba, creyó que yo era una niña que por alguna razón caminaba por allí, quizás perdida. Se llevó tremenda sorpresa cuando al acercarse a mí para ayudarme se dio cuenta de que en realidad era una adulta. La historia se convirtió en un chiste, porque luego bromeamos sobre lo que hubiese pasado si él me hubiese tomado de la mano o cargado al hombro para sacarme del área.

El trabajo en McNeil® y mis compañeros me gustaban, pero buscaba una estabilidad de empleo ya que continuaba trabajando en base temporera y en ese entonces ya me había casado. Así que, tomé la decisión de buscar otro empleo con base regular y lo logré. Lamentablemente este otro empleo no fue lo que esperaba y luego de varios meses decidí comenzar a buscar nuevamente para moverme. Y, como Dios siempre ha estado conmigo, el mismo día que llamé a mi agencia de colocación para solicitar que me reactivaran, me llamaron porque tenían una plaza disponible nuevamente en McNeil y, de inmediato, dije que sí porque me había gustado la compañía y su gente. Para mi sorpresa, cuando fui a la entrevista me enteré de que me estaría reportando a la misma gerente que me había reclutado un tiempo atrás, pero esta vez estaría en el departamento de Manufactura, dando apoyo a todo el grupo de Supervisores y Gerente. Poco tiempo después, y debido a cambios internos de la compañía, fui transferida para trabajar con el gerente general de la planta. Este fue otro logro para mi, ya que dentro de los niveles en la escala de oficinistas y secretarias, era la de mayor jerarquía. Fue una experiencia diferente, pues era la primera vez que trabajaría solo para una persona, pero en esta ocasión la naturaleza del puesto requería más responsabilidad y discreción, ya que tendría acceso a información confidencial. Al transcurrir el tiempo, surgió la oportunidad de hacerme empleada regular y pasé a trabajar en el departamento de Control de Calidad. Ese momento en el que me dieron esa noticia no lo olvidaré, porque se cumplió el gran deseo que tenía de oficialmente ser parte de esa gran compañía. De igual manera, sentí una alegría genuina por parte de mi jefe y de la representante de Recursos Humanos al informarme la buena nueva.

Al cabo de varios años, cuando nos dieron la terrible noticia de que la planta cerraría operaciones, no tenía idea de cual sería mi futuro, pero comenzaron a surgir oportunidades para trabajar en otras plantas afiliadas y me llegó otra excelente oportunidad para unirme a Janssen-Ortho Pharmaceuticals®, otra división de Johnson & Johnson. Allí estuve como asistente administrativa de la directora de Control de Calidad por varios años y luego surgió otra oportunidad dentro del mismo departamento, pero esta vez, como especialista de documentación, posición en la que estuve trabajando hasta que me retiré. Al comenzar en ese nuevo puesto tuve la oportunidad de ser parte de la implementación de un nuevo programa computarizado para el manejo de toda la documentación de la planta. En esta posición pude desarrollarme en otra faceta totalmente nueva para mi. Debía ofrecer

51

adiestramientos del nuevo sistema a muchos de los empleados. Las primeras oportunidades de hablar en público en mi primer trabajo, fueron una buena base y me ayudaron a tener dominio de los nervios y a dirigirme a grupos con confianza. Mi compañera de trabajo en ese entonces, Maria, fue clave para que yo me sintiera cómoda en esta nueva etapa. De allí surgió una gran amistad que aún perdura.

Como ya he dicho, fui bendecida con buenos empleos y siempre estaré agradecida por todas las oportunidades que tuve a lo largo de mis 36 años de carrera. En cada lugar que trabajé, todos fueron receptivos para entender las adaptaciones que necesitaba para realizar mi trabajo. Básicamente con un banquito que me ayudara a alcanzar los espacios altos todo estaba resuelto pero recibí un apoyo incondicional, y se hicieron otros ajustes ergonómicos para que mi desempeño no se viera afectado por no tener un área de trabajo adecuada. Entre los ajustes que se hicieron estaban la adquisición de sillas más pequeñas para que mis piernas no quedaran en el aire y que mi espalda estuviera lo más cómoda posible. Mi estación de trabajo fue ajustada para que tuviera una altura apropiada. Y eso no fue solo una vez, sino que cada vez que me movía de área o departamento se hacían los ajustes. Tenía una tarjeta electrónica para abrir las puertas, y nunca faltó el buen compañero que me tendía una mano si lo necesitaba. En el baño hicieron varios cambios, uno de los lavamanos fue ajustado a una altura más baja para que pudiera alcanzarlo y en uno de los cubículos construyeron una pequeña rampa y de esa forma yo podía sentarme más fácilmente. Ese cubículo pasó a ser nombrado como el baño de Brenda, incluso luego de mi retiro. A raíz de ese ajuste, mis compañeras evitaban utilizarlo debido a la rampa y bromeábamos sobre eso, pues era casi exclusivo.

La Navidad siempre ha sido mi época favorita del año, y disfruto muchísimo poner el árbol y todos los adornos, tanto en mi casa, como en la oficina mientras trabajé. Siempre decoraba mi estación de trabajo con varios adornos, pero lo que más disfrutaba era el momento en el que decoraban el árbol en el vestíbulo de la compañía. Por ser un área grande, el árbol siempre era bastante alto y yo siempre me ofrecía para ayudar solo a ponerle la estrella en el tope. Para mí siempre ha sido importante reírme de mi situación y permitir a otros reírse conmigo. Hay un dicho que dice **"Ríete conmigo, no de mí"** y éste era uno de esos momentos en el que lo aplicaba.

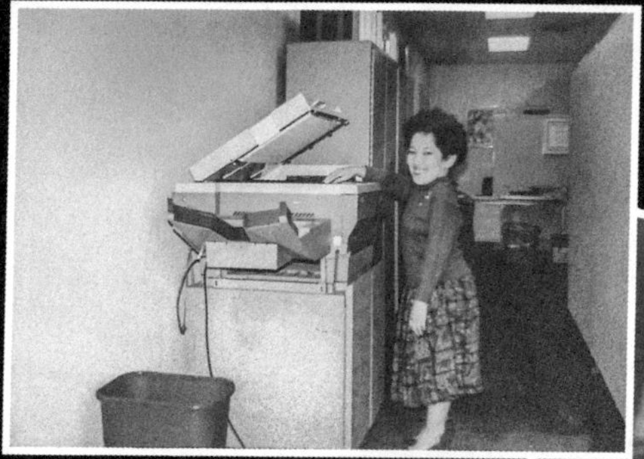
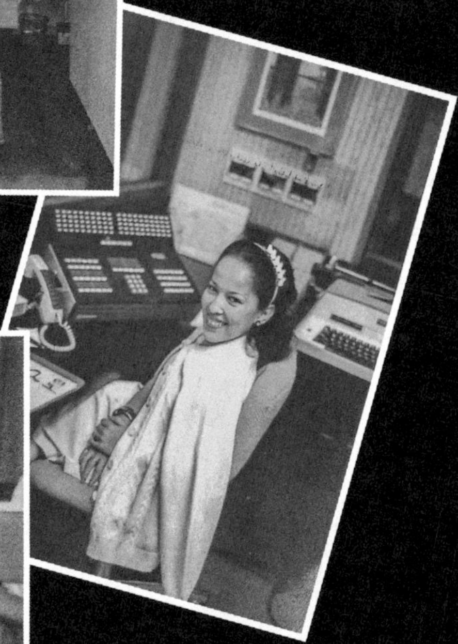
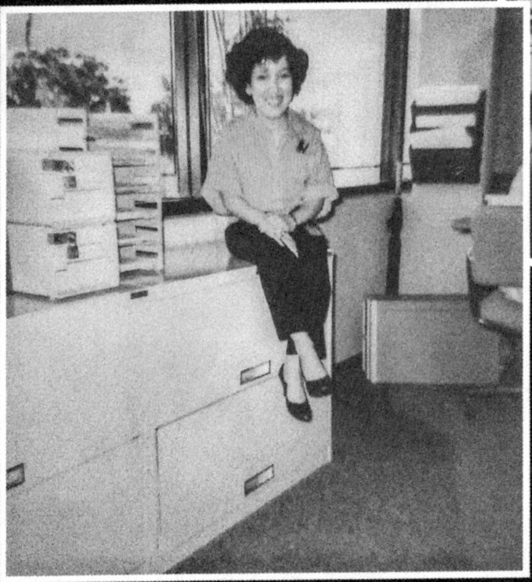

Recuerdo otra anécdota de la temporada navideña en la que una de mis compañeras secretaria y yo, salimos un día a comprar adornos para nuestras respectivas áreas de trabajo. Al llegar frente a la tienda, nos encontramos con una madre que luchaba por tranquilizar a su bebé que lloraba fuertemente. Al verme, el bebé dejó de llorar y se quedó inmovil mirándome. La cara de mi compañera valía oro. ¡Ella no lo podía creer! ¿Cómo era posible que una criatura tan pequeña pudiera identificar la diferencia en mí? Es algo que me ha pasado con frecuencia y para lo que no tengo otra explicación que no sea que, no importa la edad de los niños, éstos están listos para recibir y asimilar información de acuerdo a su capacidad.

Al cumplir mis 55 años decidí acogerme al retiro debido a una condición de salud, por lo que aproveché un beneficio que ofrecía la compañía en el que podía sumar mi edad y los años de servicio para acogerme a un retiro temprano. Casualmente para la fecha que establecí como mi último día de trabajo, otros tres compañeros también se retiraron de la compañía por lo que nos hicieron una actividad de despedida para todos. Nuestros familiares cercanos y los empleados de la planta fueron invitados a la actividad. Dicho evento fue muy bonito y muy emotivo para mí. Por un lado, me sentía contenta de poder tener la oportunidad de disfrutar de una vida más tranquila y no esforzar tanto mi cuerpo diariamente pero, por otro lado, sentía mucha tristeza al saber que no vería a mis buenos y grandes amigos con la misma frecuencia. Si bien trabajábamos fuertemente para que todo estuviera a la altura de lo que se esperaba, no puedo negar que disfrutábamos de igual forma cuando surgían anécdotas o situaciones jocosas entre nosotros.

A veces escucho a otras personas que tienen mi condición hablar de sus experiencias de trabajo, en las que muchos no han tenido éxito o han trabajado en lugares donde no tienen el mismo tipo de compromiso para sus empleados. Esto me da mucha tristeza. Las empresas deben ser más receptivas para emplear personas con discapacidades, puesto que todos los seres humanos debemos tener la oportunidad de demostrar lo que somos capaces de lograr, siempre que tengamos las cualificaciones necesarias. En mi caso, di lo mejor de mi en cada uno de los peldaños que fui escalando y aporté mis destrezas y conocimientos. Agradezco a todas las personas que creyeron en mí y me dieron oportunidad de crecer…, al menos profesionalmente.

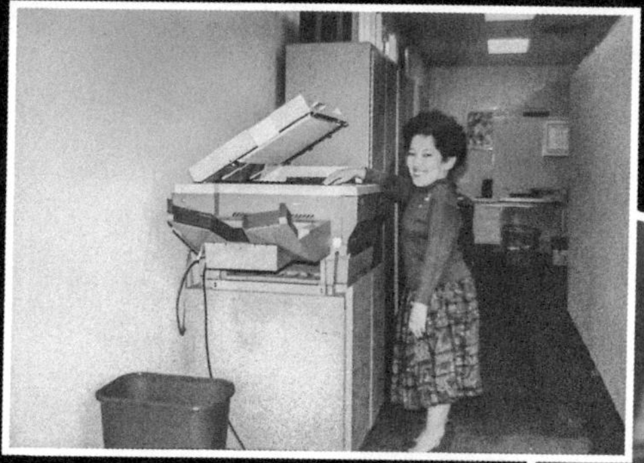

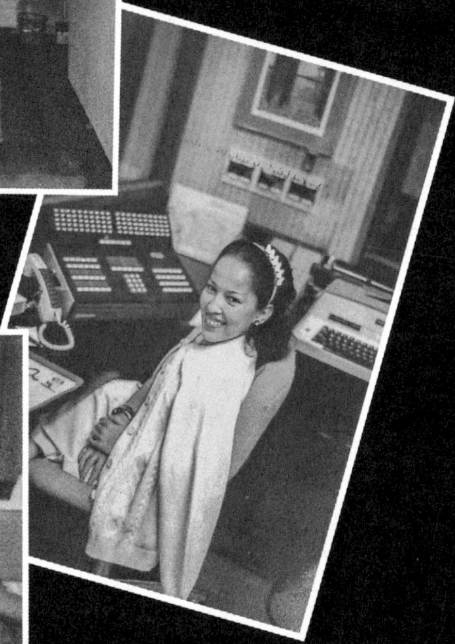

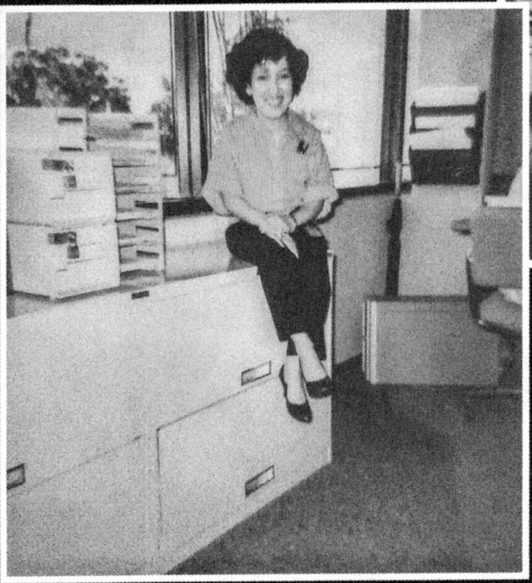

Recuerdo otra anécdota de la temporada navideña en la que una de mis compañeras secretaria y yo, salimos un día a comprar adornos para nuestras respectivas áreas de trabajo. Al llegar frente a la tienda, nos encontramos con una madre que luchaba por tranquilizar a su bebé que lloraba fuertemente. Al verme, el bebé dejó de llorar y se quedó inmovil mirándome. La cara de mi compañera valía oro. ¡Ella no lo podía creer! ¿Cómo era posible que una criatura tan pequeña pudiera identificar la diferencia en mi? Es algo que me ha pasado con frecuencia y para lo que no tengo otra explicación que no sea que, no importa la edad de los niños, éstos están listos para recibir y asimilar información de acuerdo a su capacidad.

Al cumplir mis 55 años decidí acogerme al retiro debido a una condición de salud, por lo que aproveché un beneficio que ofrecía la compañía en el que podía sumar mi edad y los años de servicio para acogerme a un retiro temprano. Casualmente para la fecha que establecí como mi último día de trabajo, otros tres compañeros también se retiraron de la compañía por lo que nos hicieron una actividad de despedida para todos. Nuestros familiares cercanos y los empleados de la planta fueron invitados a la actividad. Dicho evento fue muy bonito y muy emotivo para mí. Por un lado, me sentía contenta de poder tener la oportunidad de disfrutar de una vida más tranquila y no esforzar tanto mi cuerpo diariamente pero, por otro lado, sentía mucha tristeza al saber que no vería a mis buenos y grandes amigos con la misma frecuencia. Si bien trabajábamos fuertemente para que todo estuviera a la altura de lo que se esperaba, no puedo negar que disfrutábamos de igual forma cuando surgían anécdotas o situaciones jocosas entre nosotros.

A veces escucho a otras personas que tienen mi condición hablar de sus experiencias de trabajo, en las que muchos no han tenido éxito o han trabajado en lugares donde no tienen el mismo tipo de compromiso para sus empleados. Esto me da mucha tristeza. Las empresas deben ser más receptivas para emplear personas con discapacidades, puesto que todos los seres humanos debemos tener la oportunidad de demostrar lo que somos capaces de lograr, siempre que tengamos las cualificaciones necesarias. En mi caso, di lo mejor de mi en cada uno de los peldaños que fui escalando y aporté mis destrezas y conocimientos. Agradezco a todas las personas que creyeron en mí y me dieron oportunidad de crecer..., al menos profesionalmente.

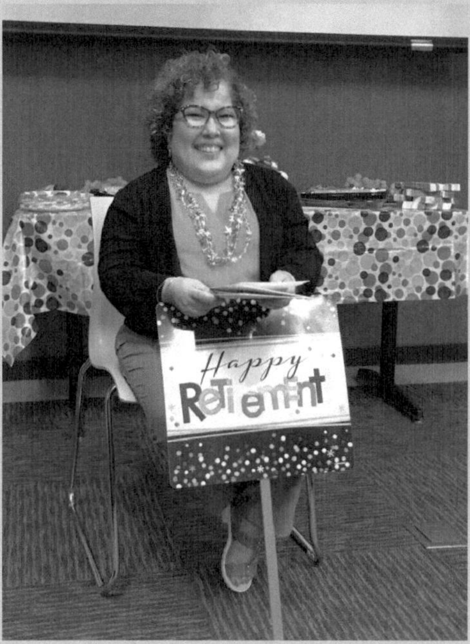
Happy
ReTirement

Tenacidad

Reflexión:
Para las personas que tenemos alguna discapacidad, obtener un empleo digno significa mucho más que un logro. Es la realización de una meta alcanzada al vencer los estigmas de la sociedad; se debe demostrar con mayor esfuerzo que estamos preparados para la ejecución del trabajo. Al final del camino sentirás lo gratificante que es trabajar con tenacidad para lograr el éxito.

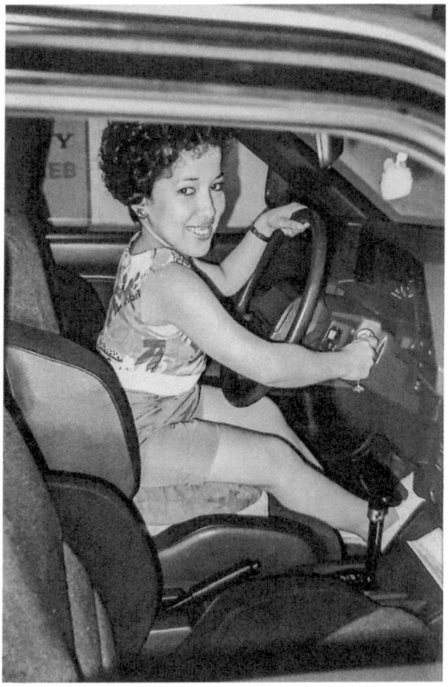

CAPITULO 4

Y..., LOGRÉ MI INDEPENDENCIA

Permite que tus sueños sean más grandes que tú y lucha para hacerlos realidad.

Para mí la independencia no era como para muchos otros jóvenes, irse de la casa a vivir solos. En mi casa había reglas, pero también había flexibilidad, por lo que en mi caso no significaba lo mismo que para otras personas que salen de la casa para tener libertad. Para mí la independencia era no tener que depender de nadie para moverme de un lugar a otro.

Mientras estudiaba en la escuela superior entré a participar del programa de Rehabilitación Vocacional, ofrecido por el gobierno para ayudar a estudiantes con condiciones de discapacidad. Este programa ofrece apoyo para estudios graduados y brinda herramientas y recursos para que los participantes logren su independencia a través de un empleo. Otra de las ayudas que el programa ofrece como apoyo para lograr la independencia, es la escuela para aprender a manejar un auto. Ese recurso para mí era el que mayor valor tenía en ese momento. Desde que alcancé la edad requerida para manejar supe que era algo que quería lograr. No sabía cómo buscar información fácilmente para adaptar un carro a mi estatura y necesidades debido a que en aquella época no había la tecnología de hoy en día.

Al tomar el examen teórico, lo pasé inmediatamente. Tan pronto pude comencé mis clases de conducir con el instructor contratado de Rehabilitación Vocacional. Don Polito, como lo llamaba todo el mundo, era un ser humano dedicado y con toda la paciencia del mundo. Don Polito tenía un carro grande preparado con un sistema manual, el mismo que utilizan las personas con movilidad reducida o sin ninguna de sus piernas. El equipo se adapta a los pedales del freno y la gasolina, y se extiende con una palanca hasta el lado izquierdo del guía. Al oprimir la palanca hacia abajo se acelera el carro y al oprimir hacia el frente, se frena. El guía también tenía adaptada una pieza que consistía de una esfera, la cual usaba para maniobrarlo; o sea, mi mano izquierda se encargaba de hacer las veces de mis pies y mi mano derecha estaba dedicada al guía. Al cabo de varios meses de clases, pasé mi examen práctico y obtuve mi licencia de conducir. Sentía que las puertas del mundo se abrían ante mí y que, cada vez más, lograba realizar las mismas cosas que todos los demás. Esa era mi única meta, sentirme igual que los demás. Nunca he querido ser o recibir más que nadie, pero tampoco he querido quedarme atrás.

Ya tenía la licencia, pero no tenía un auto. Mi papá, complaciente y flexible como siempre, me compró el mismo equipo que tenía el carro de Don

Polito y me permitió instalarlo en su carro. El equipo no era un obstáculo para que otra persona pudiera manejar el auto, por lo que mi papá utilizaba el carro diariamente, pero siempre que había una oportunidad, me permitía utilizarlo los fines de semana.

En los primeros días de mi primer trabajo utilizaba transportación pública para llegar desde mi casa al trabajo y viceversa porque aunque ya sabía manejar, continuaba sin carro propio. Cuando mi supervisora se enteró de que ésto conllevaba tomar tres transbordos diferentes cada vía, se dio a la tarea de buscar entre los empleados alguien que viviera cerca de mí y me hiciera el favor de llevarme. Por varios meses recibí el apoyo de varias personas que muy amablemente me ofrecieron transportación. Tan pronto pude ahorrar para el pronto de un carro y con el apoyo de mi papá, quien completó lo que faltaba, adquirí mi primer carro-un Toyota Corolla color bronce. ¡Por fin lo había logrado!

Recuerdo una ocasión en la que salí de una sesión de un curso de inglés que tomaba en las noches. La escuela de idiomas no disponía de muchos estacionamientos, por lo que los estudiantes se veían obligados a estacionarse al otro lado de la calle. Al salir esa noche de la clase y me disponía a abrir el carro, me di cuenta de que la cerradura había sido forzada. De inmediato, miré hacia todos lados para asegurarme que no había nadie cerca esperando para asaltarme. Intenté mirar hacia dentro del carro, pero por mi estatura no alcancé a ver hasta el piso en la parte trasera, por lo que tuve que abrir la puerta para confirmar que tampoco había nadie adentro. Temblando como un papel entré al carro y salí del área. Cuando estuve más calmada y analicé la razón por la que no se robaron el auto, llegué a la conclusión de que la persona se encontró con el sistema manual para manejarlo y al no saber cómo hacerlo, optó por no llevárselo. ¡De ser cierta mi teoría, una vez más mi estatura me había beneficiado!

También tuve mis novatadas. A raíz de la experiencia en la que abrieron la puerta de mi carro, le pedí a mi primo Paco que le instalara un sistema de corta corriente para evitar que en un futuro se lo pudieran robar. Al otro día de la instalación, cuando fui a salir para mi trabajo, el carro no prendía. Intenté varias veces y el carro no respondió, por lo que asumí que el problema era el cortacorriente. Así que llamé a mi primo para que lo cotejara, y ese día no pude ir a trabajar. En la tarde cuando Paco lo cotejó de inmediato se dió

61

cuenta de que la palanca de los cambios estaba en la posición de reversa y por esa razón no prendía. Conclusión, de carros..., solo sé manejarlos, ja, ja. Habiendo aprendido a conducir con el sistema manual, éste era muy natural para mí por lo cual nunca había considerado hacer ningún cambio. No fue sino hasta que mi supervisora, la misma que antes me había conseguido transporte, al ver cómo yo manejaba se preocupó por el hecho de que solo utilizaba una mano en el guía. Nuevamente, ella se dio a la tarea de buscar apoyo dentro del grupo de mecánicos de la planta, y ellos confeccionaron los que fueron mis primeros pedales extendidos- con los que podría manejar como todo el mundo hace comúnmente.

Prácticamente tuve que aprender a conducir otra vez, ya que cuando uno se acostumbra a una forma de hacer algo y de momento lo cambias, es todo un proceso de ajuste. Con el único agravante de que el proceso debía de pasarlo rápido, ya que no podía tener los dos sistemas en el carro. Una vez me acostumbré a utilizar los pedales con mis pies, logré hacerlo de forma natural. Jamás pensé que volvería a manejar con el sistema manual, pero hace varios años me vi en la necesidad de alquilar un carro para el que solicité que tuviera el equipo adaptado. Cuando me entregaron el carro, el equipo era manual; y créanme tardé un par de horas en lograr dominarlo. Si me preguntan, prefiero utilizar los pedales con mis pies, pero agradezco a la vida el haber tenido ambas experiencias, porque nunca se sabe en qué momento tenga la necesidad de cambiar.

Luego de varios años cambié el carro y debido a que éste era muy diferente, necesitaba pedales nuevos. Esta vez mi papá utilizó los pedales anteriores como modelo, y él mismo hizo los nuevos pedales. Por varios años utilicé los pedales creados por mi papá en otros carros que tuve, pero llegó el momento en que ya mi papá no podía hacer ese tipo de trabajo y cuando necesité pedales diferentes tuve que comprarlos. Hoy en día se consiguen más fácilmente y en estilos que son más prácticos.

Aunque no todo es fácil o como dicen **"color de rosa"**. Las veces que el carro ha tenido un desperfecto mecánico causa mucho estrés en mí, ya que implica que no tendré carro mientras lo arreglan y no puedo manejar ningún otro. Creo que el estrés no es solo el problema del carro, sino el sentir que pierdo mi independencia. En una ocasión regresaba del trabajo desde el pueblo de Cidra, y en plena autopista de Caguas el carro comenzó a fallar. Me detuve en el paseo muerta de miedo, pues era un área de mucho tránsito, pero a la vez no muy confiable para una mujer sola. En la vida llegan ocasiones en las que nos vemos obligados a tomar decisiones en poco tiempo, y esta fue una de ellas. Tenía que decidir si me quedaba sentada dentro del carro esperando a que pasara una grúa, lo cual podía tomar horas, o caminaba hasta un cuartel de Policía que acababa de pasar. Como ya empezaba a caer el sol decidí bajarme del carro y caminar hasta el cuartel, pero no había dado ni cinco pasos cuando una patrulla que salió del cuartel se detuvo a ayudarme. A veces yo misma me he cuestionado la rapidez con la que puedo tomar una decisión, y no siempre he sido asertiva; pero en esta ocasión no tenía opción, y para mi seguridad fue la mejor.

Algo que les tengo que confesar es que cuando comencé a manejar tenía un deseo único: quería ser detenida por un policía que pensara que una niña iba conduciendo un auto y poder decirle con mucho orgullo que se había confundido porque era una persona adulta. La realidad es que han sido pocas las veces que me han detenido, pero nunca pensaron que yo era una niña, o al menos no lo han expresado. A esta edad y teniendo mi pelo ya con canas, no creo que mi deseo se cumpla :)

No rendirse

Reflexión:
Para aquello que parece inalcanzable, se debe luchar con todas las fuerzas para lograrlo. Si bien en ocasiones pueden ser situaciones que no estén en nuestro control, aún así, debemos esforzarnos y trabajar incansablemente en la búsqueda de posibles soluciones. Y, cuando finalmente logres lo que deseas, disfrútalo y siente orgullo por tu triunfo.

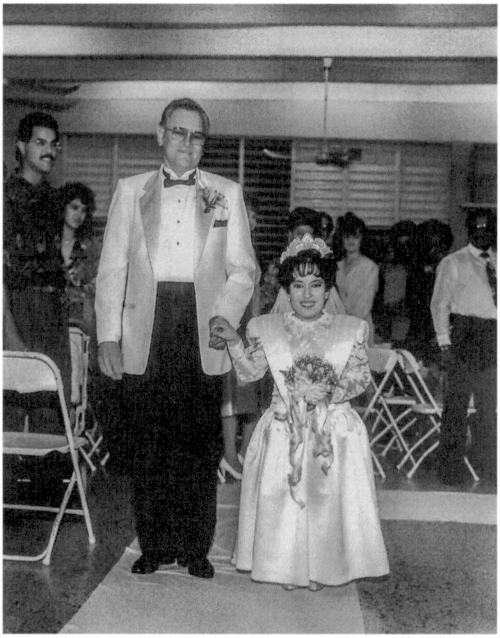

CAPITULO 5

AMOR EN PEQUEÑO

Las parejas formadas por personas en las que ambos tienen alguna condición física logran cierta afinidad especial, al poder compartir situaciones similares en el transcurso de sus vidas. Esas experiencias les sirven para lograr entenderse y apoyarse a un nivel diferente.

Ya les mencioné que, en mi primer lugar de trabajo, realizábamos diversas actividades con diferentes motivos y en algunos casos la compañía hacía sorteo de regalos como parte de algunos de los eventos. Para una actividad del Día de las Madres, dos gerentes de mi departamento fueron a comprar los artículos que regalarían en la actividad de ese año. Estando ellas en un centro comercial vieron a un joven también de baja estatura y de inmediato pensaron en el capítulo de LPA **(Little People of America)** de Puerto Rico, del cual yo era miembro y presidente incumbente. Ellas, ni cortas ni perezosas, se acercaron al joven y le hablaron sobre la organización; le pidieron su nombre y su número de teléfono para que yo me comunicara con él y le explicara más en detalle. Al regresar a la planta, las dos gerentes vinieron muy emocionadas a contarme sobre el joven, a quien llamaré JJ, y me entregaron su información. Con igual entusiasmo, me dijeron que era un chico muy guapo y que era un buen candidato para mí. Yo lo tomé a broma, porque no estaba segura si sus gustos coincidirían con los míos y mucho menos pensaba en que esa hubiese sido la forma de encontrar pareja. Varios días después, me comunique con el joven. Acordamos que yo lo visitaría para explicarle en detalle sobre la organización de LPA. Al llegar al encuentro, él me recibió y toda la familia también estaba allí esperándome. Les expliqué de qué se trataba LPA y luego hablamos un rato de diferentes temas. Como siempre hacía con los nuevos miembros, le dije que lo mantendría al tanto de la próxima reunión que realizáramos para que se uniera al capítulo. El comenzó a asistir a las actividades de LPA, y de esa manera se inició una amistad entre nosotros. Al principio yo solo lo veía como un buen amigo dado a que yo era casi 10 años mayor, pero él hacía un esfuerzo por presentarse con más madurez y poco a poco surgió algo más. Varios meses más tarde nos hicimos novios, y al cabo de casi cuatro años decidimos casarnos.

Aproximadamente un año antes de nuestra boda, ambos participamos en una entrevista para un programa de televisión sobre el tema del enanismo. Durante la entrevista surgió el tema de nuestra relación y nuestros planes de boda y la conductora del programa nos comentó que estaría pendiente de nosotros.

Comenzamos los preparativos para la boda y, como a mí siempre me han gustado las manualidades, me di a la tarea de confeccionar las invitaciones. Las hice en papel de pergamino con el método de repujado y calado. El proceso de cada invitación tomaba varias horas, por lo que estuve aproximadamente 10 meses haciéndolas, pues lo hacía en las noches luego de llegar de trabajar. Fue un trabajo largo y arduo pero la satisfacción de hacer yo misma las invitaciones me animaba a continuar.

Ambos teníamos familias grandes, por lo que la boda fue estrictamente familiar, salvo por algunos amigos a los que no podíamos dejar afuera, ¡y en total tuvimos 300 invitados! Ahora miro atrás y me pregunto ¿cómo nos atrevimos a hacer algo tan grande? Los gastos de la boda serían absorbidos por nosotros, pues ya trabajábamos y no queríamos que nuestros padres tuvieran que incurrir en gastos.

Habíamos comenzado a buscar cotizaciones para los servicios que comúnmente se contratan para un evento como ese y lo único que teníamos reservado era el salón para la recepción. Todo lo demás estaba aún pendiente de evaluación.

Unos meses antes de la boda, la producción del programa de televisión me llamó para preguntar si nuestros planes de casarnos seguían en pie y como iban los trámites. Les conté sobre nuestras gestiones, y nuevamente fuimos invitados al programa. Esta vez el tema del programa se iba a centralizar en nuestra relación y en otras parejas de pequeña estatura, ya fuera que ambos en la pareja fueran de pequeña estatura o uno de ellos de estatura promedio. La grabación del programa corrió con naturalidad; las otras parejas que asistieron fueron entrevistadas sobre sus respectivas relaciones. Ya casi para el final del programa nos dieron una tremenda sorpresa; la producción había conseguido de regalo para nosotros -bizcocho, fotógrafo, música, servicio de comida. Hasta un coordinador de bodas, que al ver el programa, se comunicó para ofrecer sus servicios libre de costo. ¡No podíamos creerlo! Todo estaba resuelto. Todo lo que nos obsequiaron, no solo fue un gran regalo, sino que fueron de compañías reconocidas y de buena calidad. Siempre viviré agradecida de todos las personas envueltas por hacer de esa, nuestra ocasión, una muy especial.

Nuestro noviazgo y luego el matrimonio, como cualquier otro, tuvo sus altas y bajas. Algunas debido a la diferencia de edad que había entre nosotros y la forma de ver algunas cosas, y otras por diferencia de creencias religiosas. Yo había hecho un gran intento por aceptar la doctrina que él seguía, pero la realidad fue que, luego de luchar mucho conmigo misma, entendí que lo que trataba de hacer solo lo estaba haciendo por complacerlo a él y a su familia, pero no porque realmente yo creyera igual.

Llegado el momento de realizar la boda, aunque a ambos nos hubiera gustado casarnos por la iglesia, en ninguna de nuestras denominaciones lo aceptaban por la diferencia ideológica. Así que, solo quedaba la opción de casarnos ante un juez; por lo tanto la ceremonia como la recepción se realizaron en el mismo lugar.

Como ambos éramos de baja estatura, decidimos utilizar una tarima que había en el salón para ubicarnos nosotros junto al séquito, de tal forma que todos los invitados podrían vernos. Fue una ceremonia muy bonita y emotiva. El juez además de actuar de acuerdo a lo que establece la ley, también ofreció un mensaje cristiano. Sus palabras me hicieron sentir un tanto aliviada de no haber podido realizar mi soñada boda en la iglesia y sentí que también habíamos recibido una bendición del cielo. Al fin y al cabo, estábamos enamorados y queríamos formalizar una unión y no teníamos la culpa de tener diferentes creencias religiosas.

Cuando JJ y yo nos casamos, decidimos esperar un tiempo, antes de intentar tener hijos. Queríamos establecernos y disfrutar un poco del matrimonio antes de adentrarnos a asumir la gran responsabilidad que conlleva ser padres. Sabíamos que podíamos encontrar dificultad física. Debido a mi tamaño no era posible tener un embarazo a término y no podría ser un parto natural. También yo estaba consciente de que, por mi edad, no debíamos esperar demasiado, por lo que la espera sería el tiempo justo.

Como dice el refrán, el hombre propone y Dios dispone. Así que en nuestra vida ocurrieron varios eventos que extendieron un poco el tomar la decisión de buscar el tan anhelado bebé.

Antes de casarnos nos dimos a la tarea de buscar un apartamento para rentar, mientras podíamos comprar nuestra propia casa. Encontramos un apartamento pequeño en el área de Bayamón, perfecto para nosotros dos. Consistía básicamente de dos espacios, sala/comedor/cocina y un cuarto con su baño. Allí vivimos felices nuestros primeros 10 meses de matrimonio.

JJ había estado trabajando desde hacía varios años en una panadería en Río Piedras la cual era propiedad de su papá, mientras yo trabajaba en carácter temporero como secretaria hacía dos años en una compañía farmacéutica en Dorado. A los pocos meses de casarnos comenzamos a preocuparnos porque, si queríamos comprar una propiedad, debíamos tener trabajos permanentes para que nos pudieran considerar para un préstamo hipotecario. Así que, en aquel momento decidimos que yo obtuviera un trabajo con un puesto permanente y de esa forma tener la oportunidad de solicitar el préstamo hipotecario y que el mismo fuese aprobado. No tardé mucho en ser contratada en una compañía localizada también en Río Piedras. Esta decisión también nos llevó a la decisión de no intentar un embarazo por dos razones: queríamos concentrar esfuerzo y dinero para la compra de nuestra propiedad y debido a que yo no quería comenzar en un trabajo nuevo con ausencias por citas médicas y posteriormente el periodo de maternidad. Era muy pronto para eso.

Al cabo de un tiempo nos surgió la oportunidad de comprar un apartamento localizado en Río Piedras, lo cual era más conveniente pues ambos estaríamos mucho más cerca de nuestros respectivos trabajos. Además, este nuevo apartamento era mucho más cómodo que el que teníamos rentado. Hicimos los trámites de la compra del apartamento y nos mudamos de inmediato. Ese tampoco era el momento apropiado para buscar un bebé, pues sentíamos que estábamos comenzando con otra responsabilidad y debíamos asentarnos financieramente.

El nuevo apartamento estaba localizado en una de las esquinas del sexto piso, por lo que tenía una vista bastante amplia de los alrededores y era bien fresco. Los primeros meses nos concentramos en hacerle algunas mejoras al apartamento, sobre todo en las paredes de la sala, el comedor y la cocina. Ya que este debía ser nuestro hogar en los años por venir, decidimos modificar la cocina para que estuviera totalmente adaptada a nuestra estatura. Para las personas con nuestra condición puede ser difícil, complicado o hasta doloroso el utilizar a diario una cocina sin adaptar, pues dependemos de usar banquitos para alcanzar y poder realizar los quehaceres en esa área de la casa. Se imaginan tener que subir y bajar del banquito mientras estás cocinando, cada vez que necesites añadir ingredientes, verificar cómo va lo que cocinas; o subir y bajar del banquito cuando necesitas alguna olla, plato o envase que esté en los gabinetes superiores? Muchos de nosotros, debido a nuestra condición, tenemos problemas de articulaciones, que se complican con el continuo sube y baja del banquito, como ha sido en mi caso. Un primo de mi mamá, quién era ebanista, se llevó la tarea de diseñar y construir los gabinetes. La cocina era un pasillo estrecho, pero de un largo suficiente para tener el espacio de acomodar lo necesario, utilizando solamente la parte de abajo de los gabinetes de una cocina regular. No tendría gabinetes en la parte superior, pues por nuestra altura no se utilizarían y sería botar material, dinero y esfuerzo. De un lado de la cocina estaba un gabinete que cubría de lado a lado el largo de la pared. La altura de ese gabinete donde estarían la estufa y el fregadero se adaptó para nosotros. Para la estufa, compramos solo el tope y de esa forma no habría diferencia entre la altura de una estufa regular y el gabinete. El fregadero también fue colocado en ese mismo gabinete, por lo que todo estaba perfectamente cómodo para nosotros. Del otro lado de la cocina, mi primo nos hizo una alacena en la que incluyó un espacio para colocar un microondas, también a una altura ideal para nosotros. El único inconveniente era que, si alguien nos visitaba y quería ayudarme a preparar la comida o fregar no era cómodo para ellos. Pero al fin de cuentas, la visita no está obligada a hacer ese tipo de cosas y era nuestra cocina y éramos nosotros los que la utilizaríamos todo el tiempo.

En una ocasión JJ y yo fuimos de compras, y mientras mirábamos zapatos llegaron a la tienda varias mujeres jóvenes con algunos niños. Al vernos, una de ellas le comentó a las demás, lo suficientemente alto para yo escucharla, "Dios no quiera y me castigue con un hijo así". Como muchas otras veces, opté por ignorar y callar. Con el tiempo he aprendido que hay situaciones en las que no es necesario responder, pero hay otras en que sí, y esta habría sido una de ellas. No entiendo como hay personas que pueden pensar que el tener una condición que afecta tu físico sea un castigo para la persona que la tiene o para un familiar. Por el contrario, yo siempre he pensado y estoy convencida de haber sido bendecida por ser pequeña. Mi vida hubiera sido muy diferente si hubiera nacido sin mi condición y no puedo evitar pensar en las posibilidades de que mi vida hubiera sido todo lo opuesto a lo que es.

Ya teníamos un año y medio viviendo en este apartamento cuando el papá de JJ decidió vender el negocio por lo que JJ decidió buscar otro empleo y comenzó a trabajar en una compañía en el pueblo de Cataño. Tiempo después decidí cambiar de trabajo y regresé a la compañía farmacéutica en Dorado. Nuevamente los planes para quedar embarazada quedaron a un lado.

Una vez más, nos encontramos trabajando lejos de donde vivíamos, por lo que nos embarcamos en una nueva aventura. Nos mudamos a una casa alquilada con opción a compra cerca de Dorado. El tomar esta decisión conllevaba evaluar qué haríamos con la cocina. Los gabinetes que habían sido construidos de acuerdo a nuestra altura, eran demasiado bajitos para que una persona de estatura promedio los utilizara regularmente y la casa tenía gabinetes regulares, lo cual no sería cómodo para nosotros. Por otro lado, los diseños entre la cocina del apartamento y el de la casa eran totalmente diferentes. Como ya les dije, la cocina del apartamento tenía un diseño alargado y la cocina de la casa tenía un diseño cuadrado. Después de tomar medidas de todas y cada una de las piezas de los gabinetes hechos para nosotros y utilizar todo nuestro ingenio, logramos acomodarlos en la nueva cocina. La pieza larga que acomodaba la estufa de tope y el fregadero fue cortado en dos piezas y cada una fue colocada en lados perpendiculares de la nueva cocina. La pieza que contenía la estufa fue colocada al lado derecho y al extremo se acomodó la nevera. La otra pieza se colocó en el lado izquierdo. El fregadero fue eliminado y compramos uno de esquina que fue puesto en una nueva pieza de gabinete hecha en ese momento para unir las dos piezas perpendiculares. En una tercera pared hubo espacio para acomodar la alacena y quedó espacio para añadir un tope (también ajustado a nuestra altura), que servía de barra para sentarnos a comer si no queríamos utilizar el comedor.

Este nuevo trabajo de ebanistería fue realizado por mi tío materno, quien tenía un don increíble para todo lo que fuera manual. Lamentablemente el alcohol y el cigarrillo se apoderaron de él y de sus talentos y, aunque mi tío tuvo una vida larga, sus últimos años fueron muy tristes debido a complicaciones de salud a consecuencia de sus vicios. Mi tío se llamaba Agustín, igual que mi abuelo materno, pero todos lo conocían como Negro. Era un personaje en su natal pueblo de Dorado. Cuando estaba sobrio era una persona muy tranquila, pero cuando bebía se inventaba muchas historias, le gustaba hacernos cuentos de misterio a los sobrinos y en varias ocasiones hizo llamadas telefónicas a familiares con algunas bromas pesadas. Como ya todos conocían como era, nadie nunca le dio mucha importancia a sus bromas. Otra peculiaridad de tío Negro, quien apenas media 5 pies de altura y no llegaba a las 100 libras, es que casi no comía; podía pasar el día sin probar bocado y cuando lo hacía era una porción muy pequeña. Los días que estuvo trabajando en mi casa fueron difíciles para mí porque apenas lograba que comiera y, aunque nunca me lo dijo, yo sabía que para él también era difícil, pues yo no tenía alcohol disponible para darle. Yo no podía contribuir a mantener su vicio, pues sabía que le estaba haciendo más daño del que ya él mismo y otras personas le hacían al proveerle alcohol. Nunca olvidaré las veces que nos hizo reír con sus historias y chistes y los momentos que pasó en mi casa trabajando en los gabinetes, los cuales quedaron como si hubiesen sido construidos originalmente para la nueva cocina.

Algo de lo que JJ y yo disfrutábamos mucho era la música, y siempre que podíamos íbamos a conciertos de nuestros artistas favoritos. En una ocasión fuimos a un concierto de Olga Tañón el cual se llevó a cabo en un estadio. Estando conscientes de que por lo regular las personas de las filas de enfrente nos tapan la vista, optamos por comprar boletos en la tercera fila de la sección más baja, quedando casi sin inclinación, pero pensando que la visibilidad seria buena por estar en las primeras filas. Mientras esperábamos que comenzara el concierto comentábamos que había sido la mejor decisión porque podríamos ver bien y disfrutarlo perfectamente. Que equivocados estábamos..., al sonar los acordes de la primera canción, todo el público se puso de pie, lo cual era natural por el tipo de música tan movida como lo es el merengue. Según fueron pasando los primeros minutos, la gente se fue sentando, excepto dos parejas que se encontraban en la primera fila justamente frente a nosotros. Esperamos un par de canciones, pero ellos seguían de pie. Llegó el momento en el que entendí que era suficiente y me acerqué para pedirles que se sentaran, pero me miraron y cambiaron la cara para hablar entre ellos y no se sentaron. Esperé un rato más y decidí ir a hablar con uno de los ujieres del estadio. Al subir las escaleras, me enredé con el ruedo de mi pantalón y me tropecé, por lo que mi coraje iba en aumento. El ujier se acercó a ellos y les hizo la petición, pero ellos se negaron y el ujier nos dijo que no podía hacer nada más. Las parejas estuvieron el concierto completo bailando y disfrutando, y nosotros no pudimos ver nada. Fue como estar en la casa escuchando un disco, con la diferencia de que el coraje que yo tenía no me permitió disfrutarlo.

En la casa que vivimos por aproximadamente 4 años, era de dos niveles en una esquina, y el dueño original le había añadido una pequeña oficina, un taller, una terraza y otro cuarto adicional; todo eso en madera. Cuando nosotros comenzamos a hacer los trámites en el banco para el préstamo hipotecario, nos encontramos con la sorpresa de que parte de los requisitos con los que teníamos que cumplir para que nos aprobaran el préstamo, era que toda la construcción en madera debía ser demolida. Esto, por el riesgo que conlleva ese tipo de construcción cuando recibimos tormentas o huracanes en la isla. Así, que no nos quedó otro remedio que eliminar toda la parte lateral que fue añadida a la casa. Para los dueños originales fue muy triste enterarse de que esa parte de la casa tenía que ser eliminada, ya que guardaban muchos recuerdos y el esfuerzo de haber sido construido por ellos mismos.

JJ fue criado con una gran conciencia de que su estatura no debía ser un obstáculo para lograr hacer cualquier trabajo, y así él lo creía firmemente. Así, que se dio a la tarea de él solo derrumbar toda la construcción de madera. Le tomó semanas terminarlo, pues lo hacía en las tardes después del trabajo y durante los fines de semana pero, poco a poco, y con mucho esfuerzo lo hizo. Para una persona de tamaño promedio esta tarea hubiese sido más fácil, pero para una persona de 4' 2" era más complejo. Como cualquier otra persona dependía de una escalera para alcanzar muchas de las áreas, pero aún así fueron muchas las maniobras y peripecias que tuvo que hacer para lograrlo. Cada tablón de madera, cada clavo, cada astilla, era un logro. Yo, aunque disfrutaba de ayudar en lo que podía, no era mucho lo que podía hacer pues mi fuerza y mi estatura eran menos que las de JJ.

Como parte de los trabajos de demolición, recuerdo que una tarde tuvimos que subir al techo de lo que era la marquesina, que estaba localizada en la parte de atrás de la casa. Colocamos la escalera más grande que teníamos (sí, porque teníamos una colección de diferentes alturas) contra el portón de la entrada y subimos ambos al techo. Mientras trabajábamos allí el viento sopló con la fuerza suficiente como para tumbar la escalera. ¡Estábamos atrapados! Nadie sabía que estábamos allí. La casa era de esquina por lo que de un lado no teníamos vecinos tan cerca y tampoco conocíamos sus nombres para llamar a alguien. Hacia la parte de atrás de la casa, había una calle que dividía nuestra sección de otra sección del vecindario, en la que lo que veíamos eran los patios de las casas y no conocíamos a nadie tampoco. Del otro lado vivía Don Mario, un señor ya retirado, muy amable, buen vecino y amigo, pero, en ese momento no se encontraba en la casa. Así que, terminamos de hacer el trabajo por el que subimos y luego nos sentamos a esperar a que Don Mario llegara para que nos hiciera el favor de poner la escalera en su lugar para poder bajar. Mientras tanto, aprovechamos para observar el paisaje y hablar de planes futuros. Creo que, a pesar de todo, fue uno de esos momentos en los que un accidente lo podemos convertir en algo positivo y disfrutarlo.

No recuerdo en cuánto tiempo terminamos la demolición, pero fue a tiempo para que el banco nos aprobara el préstamo y se pudiera completar el proceso de la compra.

Luego de realizar esos cambios, nos enfrascamos en poner la casa a nuestro gusto y comprar algunos muebles. Y luego de varios años, cuando ya nos sentíamos listos para una nueva aventura, tomamos la decisión de comenzar el proceso en búsqueda de expandir la familia. Lo que pensamos sería algo fácil, no resultó así. Por un tiempo intentamos la búsqueda sin ayuda médica y sin que nadie se enterara de lo que estaba sucediendo. Cada mes era uno de expectativa y terminaba en desilusión. Ya en ese momento, comencé a cuestionarme si había sido necesario el utilizar métodos anticonceptivos en los años previos, pues ahora que ya no los utilizaba no lograba quedar embarazada.

Decidimos buscar ayuda profesional, y visité a mi médico ginecólogo. Me envió a hacer varias pruebas para determinar si todo estaba bien a nivel hormonal y físico. Los resultados llegaron y todo estaba bien conmigo, por lo que el médico nos indicó que también JJ debía evaluarse y así lo hizo. ¡Cuando llegaron los resultados celebró por partida doble, el saber que también todo estaba bien y porque el resultado en términos de números era excelente! Ya saben, para los hombres eso es muy importante. Recuerdo que para esa misma época un matrimonio de buenos amigos míos estaba atravesando por la misma situación y hablábamos mucho sobre el tema. A él ya le habían realizado la prueba y aunque sus números estaban bien, los de JJ estaban por encima, y bromeábamos en relación a que la estatura no tenía nada que ver en esos menesteres.

Mientras todo esto ocurría, nosotros continuábamos la búsqueda, practicando continuamente, pero nada sucedía. Llegó el momento en que comenzamos a compartir un poco de nuestra frustración con algunos familiares y amigos allegados. Como era de esperarse, empecé a recibir innumerables consejos para que mi deseo de ser madre se cumpliera, desde remedios caseros para tomar hasta instrucciones muy específicas para realizarlas en ciertos momentos (lo dejo a su imaginación). Una de las alternativas que utilizamos fue el método de tomarse la temperatura y de acuerdo al resultado podía determinar los días fértiles. Así como llegaron los consejos también llegaron algunos problemas entre nosotros como pareja.

Un día de acuerdo a la lectura del termómetro debíamos practicar, y yo lo tenía muy presente, más no fue así para JJ, quien hizo otros planes con terceros los cuales interfirieron con nuestro plan. Esto provocó mucho coraje en mí y, al reclamarle, me dijo que lo había olvidado. En otra ocasión estábamos compartiendo con un grupo de personas allegadas a mí y alguien hizo un comentario en tono jocoso sobre el hecho de que aún no teníamos hijos. Nuestras reacciones por el comentario fueron diferentes, a mí me dolió mucho, pero a JJ le molestó. La persona no tenía idea de la frustración que era para nosotros todo lo que estábamos viviendo en ese proceso de búsqueda e hizo el comentario de manera natural por el nivel de confianza que había, pero sin querer ese comentario nos hizo daño. En aquel tiempo, otra cosa que me estaba sucediendo y me rompía el corazón era enterarme del embarazo de otra mujer. Yo estaba consciente de que no debía sentirme así, pero no lo podía evitar. Era un sentimiento muy profundo. En una ocasión estaba con algunos compañeros de trabajo tomándonos un café y alguien comentó sobre otra compañera que acababa de anunciar su embarazo. En ese momento tuve que disimular y tragar hondo para que los que estaban a mi alrededor no se dieran cuenta del dolor que estaba experimentando. Tampoco quería que pensaran que yo era una mala persona. Quizás alguien lo entendería, pero quizás no todos; era mejor callar y continuar como si nada estuviera pasando.

Seguía pasando el tiempo y como no lográbamos nuestro sueño comenzamos a hablar de otras alternativas. Discutimos sobre embarazos in vitro, adopción y vientre subrogado. Cualquiera que fuera la selección tendríamos que hacer un gran sacrificio por los costos adicionales que conllevaba. La decisión final fue llevar a cabo una adopción.

Desde que yo era jovencita estuvo claro en mi mente que, si por alguna razón yo no podía tener hijos biológicos, optaría por la adopción. Muy claro también estuvo siempre que la criatura que adoptara debía tener enanismo; el que JJ también tuviese la condición, inclinaba aún más a mi decisión. Así que comenzamos los trámites con el Departamento de la Familia, la agencia gubernamental que trabaja con este proceso. La primera cita fue un tanto desalentadora. En primer lugar, porque me di cuenta de que el deseo que tuve por años de adoptar una criatura con enanismo no era tan fácil. No todos los días nacen niños con esta condición y más aún que fueran puestos para adopción. En segundo lugar, por el proceso tan burocrático y las normas absurdas de ese departamento, las que se debían cumplir al pie de la letra para que una pareja no fuera descalificada.

Dos de esas normas requeridas fueron las que más calaron mi frustración y por ende, salir decepcionada por los procesos y la burocracia. Una de esas normas era que lo ideal para el niño o niña que le fuera asignado a una pareja debía de parecerse físicamente a alguno de los padres adoptivos. Inmediatamente supe que se iba complicando el asunto, pues además de que tuviera enanismo también debía parecerse a uno de nosotros. ¿Acaso ellos no habían visto miles de casos de familias felices de personas de una raza adoptando niños de una raza diferente, como sucede mucho con los orientales, que son adoptados por estadounidenses? La segunda norma que recuerdo como absurda era que la madre adoptante no debía hacerse cambios en el cabello mientras durara el proceso de adopción. Esto con el propósito de evitar que el niño no se confundiera al ver a la posible mamá adoptiva diferente en cada encuentro. Al escuchar esto pensé en las mujeres puertorriqueñas en general, a las que nos encanta estar a la moda y cambiar nuestro estilo a menudo. Esto me llevó a pensar si los hijos biológicos de las mujeres boricuas estarían traumatizados por los cambios de estilo de sus madres. De ser así, ¡que muchos habrían confundidos en nuestra islita! A pesar de la decepción que sentíamos por lo que nos habían explicado, la opción de adoptar era la más viable, así que comenzamos el proceso.

Teníamos que realizarnos distintas pruebas que demostraran que estábamos en buena salud, proveer certificados de buena conducta, evidencias de empleo y salario, pasar por una evaluación del hogar y no recuerdo cuántos otros requisitos más. El único problema con eso era que toda esa documentación tendría una vigencia de un año y sabíamos muy bien que nuestro proceso tardaría más que eso y tendríamos que volver a gestionar todo nuevamente, quizás varias veces.

Persistencia y Perseverancia

Reflexión:
Persistencia y perseverancia son acciones claves para alcanzar una meta. Cuando sientas el compromiso contigo mismo de querer alcanzarla, enfócate en lo verdaderamente importante y lucha para lograrlo. Demuéstrale al mundo que los límites no existen y no permitas que los demás te digan que no puedes. Cada ser humano tiene que empoderarse para lograr sus metas.

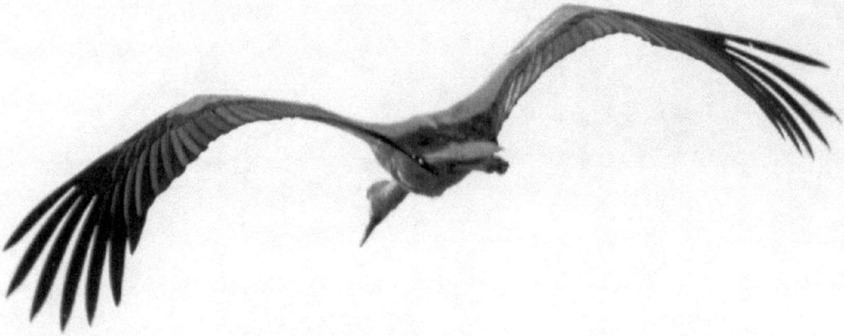

CAPITULO 6

VIDAS INCONCLUSAS

La vida se trata de enfrentar y superar momentos difíciles, pero en el trayecto también debemos aprender a disfrutar y agradecer las bendiciones que recibimos.

Un viernes, estando en mi trabajo, llegó la hora del almuerzo. Como todos los días mis compañeras de área y yo nos levantamos para dirigirnos a la cafetería. Yo comencé a caminar y de momento el mundo se fue de mí o quizás yo me fui de él. Fue solo un segundo, pero intenso. De inmediato comenté en voz alta que me había mareado y la gerente de mi grupo, al escucharme me dijo: ¡Tú estás embarazada! Al momento me sorprendí, pero rápidamente le contesté que no creía que fuera así y todo quedó ahí. Nos fuimos a comer y pasé el resto de la tarde bien pero, de vez en cuando, volvían las palabras de mi jefa a mi mente. Comencé a sacar cuentas y había una posibilidad de que fuera cierto, pero no dije nada.

Cuando llegué a casa esa tarde le comenté a JJ lo que había ocurrido y ahí fue que comencé a sentir la emoción de la posibilidad. Esa noche iríamos a la iglesia con su hermana menor y JJ no pudo contenerse y se lo dijo, por lo que la emoción mezclada con duda continuaba creciendo. Al salir de la iglesia paramos en una farmacia para comprar una prueba de embarazo y JJ quiso que fuéramos todos a la casa de su mamá para hacerme la prueba allí y, de dar positivo, darle la noticia al momento. Entré al baño con una ansiedad que no podía explicar y los minutos de espera fueron eternos. ¡Y ya casi cuando estaba a punto de un colapso por la ansiedad, el resultado… positivo!

JJ salió del baño dando brincos y casi gritando que iba a ser papá. Su familia también celebró con nosotros la gran noticia. Yo estaba feliz, pero a la vez con recelo, pues las pruebas caseras tienen un por ciento de posibilidad de fallar; aún así queríamos celebrar. Serían ya cerca de las 9 o 10 de la noche, pero estábamos a solo unos minutos de la casa de Idia, mi hermana, así que la llamé para ver si estaba allí y podíamos pasar un momento, pero no le dije el motivo de la visita.

Cuando llegamos y abrió la puerta pude darme cuenta de que sabía que pasaba algo por la hora de la visita. La saludamos y en la primera oportunidad le di la noticia. ¡Seguíamos celebrando…! Estuvimos un rato en su casa y durante la conversación me preguntó si ya nuestros padres estaban enterados y le expliqué que ella era la primera en enterarse por parte de mi familia y habíamos ido hasta allí porque estábamos cerca. En el caso de nuestros padres, estábamos un poco lejos, por lo que en lo que llegábamos, ya estarían durmiendo y yo no quería darles la noticia por teléfono. De modo que se los diría al otro día, en el que precisamente teníamos planificado salir a comer en familia en celebración del cumpleaños de mi mamá. Idía me sugirió que le diéramos la noticia de una forma original y me dio un par de hermosos botines tejidos que tenía guardados de su primer hijo, Marcos, quien tenía para ese entonces cuatro meses de nacido.

Acordamos que al otro día llegaríamos a la casa de nuestros padres para ir a comer, pero antes les daríamos la noticia. Nosotros llegamos primero y, por suerte, Idía no tardó mucho en llegar, pues estábamos desesperados porque mis padres ya supieran la buena nueva. Así que, a la primera oportunidad, les dije que JJ y yo les teníamos un regalo. Como era el cumpleaños de mami, no hubo sospechas. Yo había preparado una cajita de regalo en la que estaban los botines. Los segundos que pasaron mientras la abría fueron eternos y mientras eso ocurría, Idía, JJ y yo solo sonreíamos esperando con ansiedad sus reacciones. Mami logró quitar el lazo y el papel de regalo para inmediatamente abrir la caja. ¡Tan pronto identificó lo que había adentro nos miró con sorpresa y exclamó "No??!!!" Mi papá no entendió de momento y preguntó de qué se trataba toda la algarabía. Entonces mi mamá le hizo analizar preguntándole: ¿Qué es esto?, mostrándole los botines y entonces fue que cayó en cuenta y se unió al festejo. Ese día celebramos doblemente. Como era fin de semana y no podía ver a mi médico hasta que me dieran cita, decidí que, al día siguiente, un domingo, iría a un laboratorio y me haría la prueba sin esperar por el referido médico. Comenzamos a investigar si había algún laboratorio que trabajara los domingos y por suerte encontramos uno cerca. Al otro día, fuimos temprano para hacerme los análisis de sangre. Tuvimos que esperar un rato y cuando por fin me llamaron para entregarme los resultados, pregunté si había dado positivo, pero como ellos no están autorizados a comentar sobre los resultados, solo me dijo que el resultado estaba en el sobre que me acababa de entregar y me dejó entrever una media sonrisa. JJ estaba tan emocionado como yo y tan pronto salimos del laboratorio abrimos el sobre para encontrar la confirmación que tanto deseábamos.

El lunes llegué a mi trabajo y le conté a mi amiga y compañera Nydia. Fue tanta su alegría que se tiró un grito y lo anunció a todo pulmón. La noticia corrió como pólvora en nuestra área de trabajo y comencé a recibir las felicitaciones de los demás compañeros, según se iban enterando. Esa misma semana fui a ver a mi ginecólogo. Me recetó los medicamentos que se acostumbran en estos casos, me dio referidos para hacerme otras pruebas y me explicó que mi parto tendría que ser por cesárea debido a que, por mi tamaño, no daría las medidas para dar a luz de manera natural. Para muchas mujeres es casi traumático el tener un parto por cesárea, para mi era algo que siempre estuvo claro y no me importaba, tenía esa opción y eso era lo que contaba.

Una semana después de enterarme del embarazo comenzaron los malestares estomacales que muchas veces acompañan a las mujeres en los primeros meses. Las náuseas y vómitos llegaron poco a poco, pero cada día iban aumentando en molestia y tiempo. A la semana siguiente tuve que hacer la que sería mi primera visita a la sala de emergencias debido a la Hiperémesis (término médico para lo que comúnmente conocemos como mala barriga). No quiero ser grosera, pero para que puedan entender la magnitud del asunto, por un vaso de agua que yo bebía, devolvía un litro. Era demasiado fuerte y aunque hacía el intento de comer, no podía. Las primeras semanas lo mejor que toleraba mi cuerpo eran las batidas de vainilla y al menos eso lo sostenía un poco; así que todos los días JJ me compraba al menos una. Toda la alegría de los primeros días comenzaba a alejarse para convertirse en preocupación, dolor y frustración. Todos a mi alrededor se preocupaban e insistían en que debía comer, que debía hacerlo por el bien del bebé. Como si yo no supiera... Si había alguien interesada en que este bebé no sufriera y que naciera bien... ¡era yo! Lamentablemente en la primera semana luego de haber visitado por primera vez a mi ginecólogo, perdí 7 libras. ¡La cosa era seria!

No recuerdo cuántas veces exactamente tuve que ir al hospital, pero sí recuerdo una noche de un fin de semana en que ya me encontraba muy mal y JJ me llevó otra vez a emergencias. Ya el personal de la sala nos conocía y hasta me ubicaban primero en una camilla para que después JJ completara la documentación requerida. Nos habíamos convertido en miembros VIP's, por decirlo de forma jocosa. Mi ginecólogo había dado instrucciones especiales de que siempre que yo llegara a emergencias, lo contactaran. Esa noche me tocó esperar más de lo habitual para que él fuera a verme. ¡Cuál fue mi sorpresa cuando lo veo llegar vestido de etiqueta y su esposa, a quien también conocía porque trabajaba con él en su oficina, iba de traje largo! ¡Estaban en una actividad formal y yo les interrumpí el evento! Pero a pesar de eso, me atendió con el mismo cariño que siempre me demostró.

Mis visitas a la sala de emergencia comenzaron a convertirse en estadías de una semana hospitalizada. Casi siempre me veía en la obligación de ir durante el fin de semana a emergencias porque mi médico no estaba en la oficina. Por lo que me internaban hasta el viernes y ya el domingo nuevamente volvía a la sala de emergencia. Se había convertido en círculo vicioso y mi cuerpo seguía sin dar signos de mejorar hasta que llegó el momento en que ingresé al hospital y estuve varios meses internada.

Durante ese periodo me hicieron una batería de exámenes médicos buscando la causa de tan fuerte hiperémesis. Evaluaron sobre todo, mis niveles hormonales, pero todo estaba dentro de lo razonable. Uno de los tratamientos era hidratarme con sueros debido a la pérdida de líquidos que tenía, provocada por los vómitos, pero mis venas estaban colapsadas y ya no me quedaban venas sanas. Recuerdo una noche, en la que mi mamá se quedó conmigo, una enfermera decidió no ponerme otro suero porque no encontró una buena vena. Cuando llegó el cambio de turno, la supervisora de enfermería pasó por mi habitación y al verme sin suero se escandalizó. Mi mamá y yo le explicamos lo que había sucedido, pero ella insistió en que no debía estar sin hidratación y regresó con lo necesario para colocarme un nuevo suero. La supervisora hizo su gran esfuerzo tratando infructuosamente con diferentes venas en diferentes lugares de mi cuerpo. Mientras tanto, mis lágrimas bajaban silenciosamente y yo permanecía inerte en la cama, aceptando su voluntad hasta que, al fin, luego de tratar 11 veces, se dio por vencida.

Mi alimentación no era la adecuada por más que yo trataba, así que llegó el momento en que los médicos determinaron que lo mejor era proveerme alimentación por vena. Comenzaron a suministrarme un alimento líquido espeso a través de un suero, con 1,200 calorías. Aproximadamente cada dos días tenían que cambiar el suero de vena para evitar que estas colapsaran y así alternaban de brazo para que pudiera descansarlos entre días. Llegó el momento en el que mis venas ya no daban para más, y los médicos llegaron a un nuevo acuerdo, esta vez la alimentación sería a través de un tubo nasogástrico.

Yo tenía una idea de cómo funcionaba ese procedimiento, ya que mi papá había pasado por ese proceso años atrás cuando tuvo un accidente de quemaduras, pero jamás imaginé lo terrible del proceso. Al día siguiente de que los médicos decidieron esta nueva opción de alimentación, el doctor que me evaluaría para colocar el tubo vino a verme para establecer el plan. Al día siguiente él volvería para realizar el proceso. Esa mañana yo estaba un poco ansiosa, pero a la vez confiada en que era la mejor opción para que mi nutrición no se afectara más y el bebé pudiera recibir los nutrientes que necesitaba. Llegó el doctor acompañado por la enfermera supervisora del piso. Colocaron en la cama un pad plástico y encima todo lo que necesitarían para hacer su trabajo. Me explicaron que me introducirían el tubo por la nariz, pero que era tan finito, que no sentiría mucha molestia. También me dieron instrucciones de la manera en que debía respirar para evitar las náuseas, pero creo que mi cerebro bloqueó esa parte porque no recuerdo esas instrucciones. Y llegó el momento de la verdad... el médico comenzó a introducir el tubo y, de inmediato, comencé a hacer arqueadas para vomitar. El médico se molestó conmigo y me habló como insinuando que eran niñerías y que no estaba cooperando. Trataron varias veces, pero no dio resultado y decidió cancelar el proceso. Les aseguro que yo sí di lo que pude. Terminé llorando de frustración y más deprimida de lo que ya estaba por todo lo que estaba sucediendo. Gracias a Dios ese día estuvo acompañándome mi mamá y ella me dio el consuelo que necesitaba en ese momento. Lo menos que quería escuchar era un sermón, pero como no hay felicidad completa, al rato regresó la enfermera y me sentí peor por dos razones, la primera porque sentí que me recriminaba por lo sucedido, y en segundo lugar porque ella usaba un perfume que estaba de moda en esa época, el 360 de Perry Ellis, y yo no toleraba el aroma de ese perfume con la mala barriga. Esa tarde comencé a sentirme mal, no eran los síntomas de la hiperémesis, era algo más; tenía fiebre y mi garganta me molestaba. ¡Había agarrado un catarro! Ahora teníamos otra preocupación, el que se convirtiera en una bronquitis o pulmonía por estar tanto tiempo en la cama, pues apenas caminaba por el malestar y la debilidad. A los pocos días ya me estaban dando terapias respiratorias, parecía que todo se seguía complicando.

Comenzaron a ponerme otra vez suero por vena y, otra vez, los médicos se pusieron de acuerdo para hacer un nuevo intento conmigo. Esta vez, me explicaron, tendrían que colocarme un catéter por vía venosa central. Esto quería decir que introducirían un tubo delgado a través de la vena yugular en el lado derecho de mi cuello y a través del tubo pasaría el alimento que antes me estaban poniendo por vía intravenosa. Otra ventaja que tendría era que el catéter tendría varias salidas por las que también me podían tomar muestras de sangre sin tener que pincharme casi todos los días. El único detalle era que ese procedimiento debía hacerse en sala de operaciones y debía de hacerse bajo sedación, cosa que no podían hacer por mi estado de embarazo. Pero como para todo hay solución, los médicos decidieron hacer el procedimiento en mi propia habitación y solo con anestesia local. Coordinaron todo y vino el cirujano a visitarme.

El personal médico colocó todos los instrumentos y equipo necesarios en mi habitación, y me prepararon tanto física como mentalmente, explicándome cómo harían el procedimiento y dándome ánimos para que el proceso fuera menos traumático. Primero me colocaron anestesia tópica para minimizar un poco la sensación de dolor en el área. Luego de esperar unos minutos para que la anestesia hiciera efecto, el médico utilizó uno de sus instrumentos para hacer un pequeño corte en la piel y llegar hasta mi vena yugular e inmediatamente introdujo el catéter a través de esa vena. Es una de las sensaciones más extrañas que he sentido en mi vida, al sentir el catéter viajar desde el cuello hasta llegar al estómago. De esa forma mi alimentación sería directa, recibiendo la nutrición necesaria y evitaría las náuseas que me impedían comer. Y así comenzamos una nueva etapa que no recuerdo cuánto duró. No sé si luego de varios días o semanas la incisión comenzó a ponerse roja, indicio de que podía haber infección. ¿Qué solución había?, sencillo, cambiar el catéter. Entonces me lo colocaron a través de la vena subclavia en el lado izquierdo del pecho, aproximadamente 3 pulgadas debajo del cuello.

Mientras todo esto sucedía, JJ estaba presente todo el tiempo que podía; él fue un gran apoyo para mí. Durante el día, él trabajaba y en las noches venía al hospital y se quedaba conmigo. Tuvimos la bendición de que en una de las varias ocasiones en que fui hospitalizada no había habitaciones semiprivadas, por lo que tuvieron que asignarme una privada; y así fue para el resto de mi temporada en el hospital. Después de casi 4 meses allí, las enfermeras llegaron a encariñarse también con JJ y lo consentían en todo lo que podían.

JJ se encargaba de coordinar entre la familia, quien me acompañara, pues era complicado para mí estar sola. Tuve la bendición de que mi mamá, mis tías, mi suegra, mi cuñada y hasta nuestras respectivas abuelas me cuidaron. Hubo periodos donde tuve los dos brazos inmovilizados con sueros, parecía un Cristo. Les confieso que hoy puedo contarlo, pero en ese momento fue muy difícil para mí. Mi ánimo, las fuerzas y hasta la fe se tambaleaba. Había días en los que no podía ni hablar porque hasta eso me hacía sentir peor. Durante esos meses también sentí los antojos que son parte del proceso de un embarazo, los cuales hasta ese momento yo dudaba si serían totalmente ciertos. Había escuchado muchas historias que en algunos casos me parecían increíbles o incluso niñerías de las mujeres. Pues resulta que, aparte del antojo de las batidas de vainilla, más adelante en mi embarazo, comencé a sentir el deseo más extraño. ¡Quería tomar cerveza! Yo nunca he sido persona de tomar muchas bebidas alcohólicas y mucho menos lo haría estando embarazada, pero aquel deseo incontrolable por sentir el sabor amargo de la cerveza, me llevó a comentárselo a mi doctor. Cuál fue mi sorpresa cuando él recomendó que me compraran cerveza sin alcohol y bebiera un sorbo; de esa manera podría matar ese deseo. Ciertamente tuvo razón.

Al cabo de 4 meses comencé a sentir una leve mejoría, por lo que mi médico decidió enviarme a casa con la esperanza de que todo continuara bien. ¡Después de tanto tiempo, se imaginarán mi alegría! Esa última noche en el hospital luego de la hora de la visita, una de las enfermeras que monitoreaba los latidos del corazón con una máquina, pasó por mi habitación como todas las noches, y me preguntó si quería hacerlo, aunque ya estuviera por salir del hospital, a lo cual accedí contenta. Pero esa noche no fue como las anteriores, había algo en el ambiente que nunca he podido explicarlo, pero no era igual...

Al otro día, un viernes, regresé a mi casa. Me sentía muy bien, tanto así, que al día siguiente fui yo sola guiando hasta la casa de una compañera de trabajo, Marie, para que me hiciera el favor de entregar una documentación médica por mis ausencias. Pasé el resto del día y la noche muy bien pero el domingo en la mañana me sorprendió un pequeño sangrado. Me acosté nuevamente con mi fe puesta en que era solo algo pasajero, pero no fue así. Esperamos un par de horas y decidimos llamar al doctor. Le consulté si debía ir al hospital o esperaba hasta el próximo día, ya que de todas formas tenía consulta con él. Luego de evaluarme vía telefónica me recomendó quedarme en casa en descanso y que fuera a su oficina temprano a la mañana siguiente. El sangrado, aunque no era mucho, continuó... Al llegar a la oficina del médico, me pasaron rápido para hacerme un sonograma. La técnica de sonogramas hacía su trabajo mientras yo observaba su cara y como miraba la pantalla; ella volvía a recorrer mi abdomen con la máquina buscando algo que, a mi entender, no encontraba. Pasaron unos minutos y me dijo que necesitaba consultar algo y salió del cuarto. Pasaron varios minutos más y regresó con otra persona, quien me informó que tenían que esperar por el médico. Ya a esas alturas yo sabía que algo no estaba bien, mi mente me indicaba la realidad, pero mi corazón se aferraba a una pequeña esperanza. Pasó otro tiempo, tiempo que para nosotros fue una eternidad, y vino la enfermera a buscarme para que pasara a la oficina del doctor. Sé que el doctor habló con nosotros, pero lo que dijo, no lo recuerdo; mi mente borró por completo ese momento. Lo próximo que recuerdo es estar parada frente al escritorio de la secretaria esperando a que llamara al hospital para que me admitieran inmediatamente para un "parto" y me diera las instrucciones de lo que debía hacer. Y mientras esperaba, caí en cuenta del por qué los latidos de mi bebé no eran iguales la noche antes de salir del hospital... Durante el trayecto desde la oficina del médico hasta el hospital llamé a mis padres para darles la noticia. También llamé a mi compañera de trabajo, ya que el panorama ahora era diferente y ella debía entregar la documentación médica que yo le había llevado. JJ se encargó de llamar a su familia. Al llegar al hospital me llevaron a la sala de partos (ironías de la vida). Me explicaron lo que sucedería en las próximas horas- debido a que ya tenía 4 meses de gestación debía pasar por el doloroso proceso de parto. Doloroso, no solo por la parte física, sino también la parte mental y emocional. ¡No es nada fácil saber que estás atravesando todo eso para traer al mundo a una criaturita sin vida! Me inducirían el parto, para lo que me inyectaron Pitusina y para controlar el dolor, me inyectaron Demerol. No recuerdo qué tiempo estuve en el proceso de parto, pero sí recuerdo que luego de cada contracción en la que despertaba yo hablaba con JJ, el médico o las enfermeras que me estaban monitoreando, para luego entrar en un letargo debido a los efectos de Demerol. Al cabo de varias horas desperté nuevamente por el dolor, pero esta vez sentí que algo se desprendía de mi cuerpo para siempre. JJ se encontraba junto a mi cama y le pedí que avisara al doctor, porque el bebé había "nacido". El médico vino inmediatamente e hizo su trabajo. Al terminar, el médico tomó el feto en sus manos para ponerlo en el envase en el que lo llevarían a Patología, pero como yo soy curiosa hasta estando drogada, levanté mi cabeza para mirar. Cuando él me encontró en medio del espionaje, me preguntó si quería verlo a lo cual respondí que sí. Levantó un poco más su mano y la acercó a mí. Me preguntó si quería saber el sexo del bebé y también conteste en afirmativa, él lo observo y me dijo: un varón..., no una niña (no estoy segura si en ese orden) y sin más se l@ llevaron. Jamás supe con certeza el sexo del bebé. Si hubiera tenido más tiempo de gestación hubiésemos tenido que darle un nombre y llevar a cabo el proceso funeral y así hubiese sabido si era niña o niño, pero también hubiese sido más traumático, creo. Fueron solo unos segundos en los que se juntaron muchos sentimientos y preguntas a la misma vez. Lo próximo que recuerdo es despertar al otro día en una habitación del hospital. Me sentía destrozada tanto física, mental y espiritualmente. Las ocasiones en las que sufrí y creí sentir el dolor más grande por no quedar embarazada, se acababan de convertir en algo minúsculo.

A pesar del sufrimiento en esos momentos y, a pesar de lo drogada que me tenían, mi mente logró guardar dos anécdotas que nunca olvidaré. Al llegar a la sala de partos y cuando ya estaba lista en mi cama, la enfermera vino para administrarme los medicamentos. Yo estaba mirando hacia la pared del frente en donde había un crucifijo. Al inyectarme el Demerol sentí cómo entraba por mis venas y acto seguido, vi cómo el crucifijo se movía, y le comenté a la enfermera que el crucifijo subía y bajaba. También, en una de las muchas ocasiones en que el doctor me examinó, lo miré y le dije: "Usted tiene las medias verdes", lo irónico de la situación es que, estando yo acostada en la camilla, solo podía ver al doctor de la cintura hacia arriba. Nada, que la vida se trata de superar momentos difíciles, pero también de reírnos de otros.

En aquel tiempo, y de acuerdo a las leyes laborales en mi país, si una mujer sobrepasaba los tres meses de gestación tenía derecho a acogerse a dos meses por maternidad, sin importar cuál fuera el resultado de ese embarazo. Yo desconocía eso, pero al comunicarme con el personal de enfermería de mi trabajo me explicaron la ley y me recomendaron que me acogiera al tiempo de maternidad por el bien de mi recuperación física y mental y un regreso laboral más óptimo, y así lo hice. Al transcurrir varias semanas comencé a cuestionarme si había sido la mejor decisión, ya que pasaba sola muchas horas al día pensando en lo sucedido.

Gracias a Dios, un día JJ y yo nos enteramos de que su familia materna estaba coordinando una actividad familiar con el propósito de reunir varias generaciones, algunas de las cuales apenas se conocían. Buscando un punto medio, la familia decidió hacer la reunión en Miami. Toda la coordinación se había estado realizando en los últimos meses, pero no nos habían dicho nada a nosotros, debido a todo lo que estábamos pasando. Finalmente, mi suegra pensó que sería positivo para nosotros cambiar de ambiente y nos dieron todos los detalles. JJ y yo asistimos por un fin de semana y fue la mejor decisión. El dolor de la pérdida es algo que nunca se va, pero con apoyo e integración a todo lo demás que te ofrece la vida, se puede continuar adelante. Regresé a trabajar al cabo de los dos meses, y poco a poco el resto de nuestras vidas continuó su ritmo habitual. Eso sí, quedaba en nosotros el deseo de culminar lo empezado: nuestra familia.

La fecha de la pérdida se acercaba al año y en todo ese tiempo no habíamos tenido ningún indicio de embarazo y todos los meses surgía un rayito de esperanza que no llegaba a alumbrarnos. El inconsciente del ser humano trabaja de tal forma, que cuando se hace consciente te deja sin palabras. Llegó el día en que se cumplía un año de la pérdida de nuestro bebé, y me desperté sintiéndome físicamente mal. Luego de un rato me convencí a mí misma de que el problema no era mental, y no me sentía en óptimas condiciones para ir a trabajar, por lo que llamé para excusarme. JJ debía ir a trabajar, por lo que, para no quedarme sola con mis pensamientos, decidí visitar a mis padres. En la tarde JJ llegó hasta allá y sugirió que quizás el malestar no era solo mental, sino que tal vez estaba embarazada... Así que fue y compró una prueba de embarazo que nos daría nuevamente esperanzas y felicidad. Recuerdo que luego de ver el resultado y compartirlo con mis padres, nos fuimos solos a un cuarto y oramos. El hecho de que el mismo día que se cumplía un año de la pérdida del primer bebé, lo vi como una buena señal y mi fe recuperó lo que había perdido. Una nueva aventura acababa de comenzar, sin imaginar lo que nos esperaba esta vez.

Al cabo de varios días comenzaron los problemas por la Hiperémesis y nuevamente comenzaron las visitas a mi médico y al hospital. Esta vez los antojos fueron diferentes, sentía una conexión especial con el agua. Disfrutaba del sonido que proviniera de la lluvia, el mar y me provocaba estar todo el día en el agua. Tanto así, que un día fuimos a la oficina de mi médico y en la entrada del edificio había una fuente, mientras subía por las escaleras eléctricas contemplaba el agua que subía y caía; disfrutando del sonido relajante y melodioso que producía la caída del agua, y me invitaba a adentrarme en ella. Nunca antes había experimentado algo similar.

Cuando las cosas comenzaron a asemejar mi embarazo previo y las experiencias vividas en el transcurso de gestación, mi doctor decidió hacer el proceso un poco más llevadero -sugirió si yo prefería que me enviara a la casa con el equipo necesario para la alimentación por método intravenoso. Accedí a su propuesta, pero iría a la casa de mis padres para estar acompañada durante el día mientras JJ trabajaba. En las noches sería más cómodo para JJ dormir allí y no en la pequeña camita de un hospital.

Mi madre habilitó una de las habitaciones para nosotros. Teníamos una cama, un televisor y las máquinas que una compañía designada entre el hospital y el plan médico habían aprobado. Antes de que me dieran de alta del hospital me conectaron el catéter por vía venosa central, por lo que ya iba preparada para recibir mi ingesta diaria de 1,200 calorías, nuevamente, por vena. Salí del hospital y me llevaron directo a la casa de mis padres. Ese mismo día recibimos la máquina en la casa, y nos visitó también el personal de la compañía para adiestrarnos en el manejo del equipo, la limpieza y cuidado que debíamos de tener para evitar cualquier bacteria o infección. También, nos enseñaron a cambiar las bolsas que contenían el alimento y la conexión del catéter. Mi mamá, JJ y yo tomábamos nota de los detalles, pero la realidad es que a mi mamá le daba mucho temor, por lo que ella solo nos asistiría, de ser totalmente necesario. Varias veces a la semana, una enfermera de la compañía la cual suplía el equipo médico nos visitaba para cotejar que todo marchara bien y contestar cualquier pregunta que tuviéramos.

Los días transcurrían y no había mejoría de la Hiperémesis; lo único que me daba alegría era recibir a Marcos, mi sobrino, todos los días. Para ese entonces Marcos tenía dos años y medio, y era mi único sobrino. Para mí, Marcos era el hijo que no tenía. Mi mamá era quien lo cuidaba mientras sus padres trabajaban; por tal razón, ese amado niño se convirtió en un buen compañero para mí. Disfrutaba mucho de sus ocurrencias y, en la medida que mis fuerzas me lo permitían, trataba de darle la atención que me pedía. Recuerdo que en esa época estaba de moda un personaje infantil llamado Barney, Marcos adoraba ver el programa y lo repetía una y mil veces durante el día. Tantas y tantas fueron las veces que vi y escuché a Barney, que llegó el momento en que no quería ni verlo. Yo trataba de convencer a mi sobrino de ver otra cosa, pero su fidelidad al personaje era total y no hubo manera... Con la experiencia pasada, mi médico había tomado medidas preventivas y un día que lo llamé por un pequeñito sangrado, me recetó supositorios vaginales para que mis niveles hormonales se mantuvieran bien y no tuviera otro aborto. Comencé el tratamiento y todo continuó bien.

Los días transcurrían y no había mejoría, por el contrario, surgieron otros inconvenientes que no se presentaron en mi primer embarazo. Comencé a tener problemas en mi boca, sentía molestia en algunos puntos en mi encía. Pensé que era algo pasajero y no le di mucha atención, pero luego de varios días, al mirarme en un espejo encontré que tenía muchos puntos blancos en toda mi boca. Fue tanto lo que se regó que llegó hasta mi garganta y lo poco que toleraba comer o tomar, ya no podía hacerlo. Lo consultamos con el médico, pero no había mucho que me pudiera recetar debido al embarazo. Así que la solución más orgánica fue hacer gárgaras de leche magnesia mezclada con un antihistamínico para que refrescara la encía y a la vez me adormeciera un poco el área. El proceso fue lento pero al cabo de varias semanas se controló.

Un día mi suegra fue a visitarnos y compartió una información que obtuvo de una persona con credenciales en genética. Mi suegra tenía un Bachillerato en Biología y recién había vuelto a estudiar. Ella decidió compartir mi caso con un profesor de Genética de la universidad dado su conocimiento en el campo. El profesor le había comentado que, si yo lograba sobrepasar las primeras 16 semanas de gestación, habría mayor probabilidad de completar el embarazo. Por lo que ese número se me grabó de gran manera y solo esperaba superarlo, pues mi embarazo anterior había terminado justo a las 16 semanas. Pero no, no lo logramos...

Luego de grabar en mi mente "las 16 semanas" de acuerdo al profesor de Genética, marcaba cada semana de gestación de manera esperanzada pero a la vez temerosa. Una tarde recibí la visita de una amiga y su esposo, pero justo antes de su llegada yo acababa de notar que estaba manchando. Estaba destrozada, ya imaginaba el desenlace. Mis amigos preguntaban si nosotros preferíamos que se fueran, todo lo contrario, les pedí que se quedaran hasta que lográramos hablar con mi médico y así distraer un poco mi mente. Tan pronto el doctor nos contestó la llamada, nos dio instrucciones para ir de inmediato al hospital; y nuestros amigos se ofrecieron para acompañarnos. En los momentos difíciles es bueno tener gente alrededor que te apoye. Siempre estaré agradecida de ellos por permanecer junto a nosotros en aquel momento doloroso.

Tan solo tenía tres meses de embarazo, por lo cual no tendría que pasar por el proceso de un parto como la vez pasada. Así que, de la sala de emergencia, fui enviada directamente a cirugía para realizarme el procedimiento correspondiente. En sala me esperaba una batería de personal médico, todos muy amables y tratando de hacer el momento lo menos doloroso posible, pero no lo lograban. En el primer aborto, como estaba tan drogada, no recuerdo nada de lo que sucedió antes de la cirugía, pero en esta nueva ocasión sí recuerdo cada detalle. Me dieron anestesia espinal y recuerdo los comentarios pues, por mi tamaño, estaban preocupados de que no saliera bien. Me acomodaron en la camilla y colocaron un paño azul desde mi pecho hacia abajo y otro del pecho a mi cabeza, por lo que no podía ver nada de lo que hacían, pero si sentía todo. Según ellos iban avanzando con el proceso, comencé a sentirme agitada y los latidos de mi corazón comenzaron a dejarse sentir en el monitor. Había una enfermera junto a mí que estaba pendiente de que yo estuviera bien y comenzó a hablarme para que me relajara. El escuchar el sonido que provenía del monitor y saber que no estaba bien, me hizo entender que debía poner de mi parte y luego de varios minutos los latidos comenzaron a normalizarse. Hasta ahí llegan mis recuerdos en sala; lo próximo fue despertar en mi nueva habitación y escuchar que la enfermera me llamaba. Despertaba por ratos, pero los efectos de la anestesia triunfaron y a la mañana siguiente cuando desperté me fui otra vez a mi casa con la misma sensación de vacío y soledad... Pasaron varios meses en los que medité sobre la posibilidad de intentar nuevamente en quedar embarazada pero luego de evaluar concienzudamente, llegué a la conclusión de que no resistiría perder otro bebé. Lo discutí con JJ y él apoyó mi decisión. Comenzaríamos el proceso de adopción.

Esta vez no me tomé la licencia de dos meses de maternidad, quería distraer mi mente y eso solo lo conseguiría si regresaba a trabajar. Así lo hice y, una vez más, encontré el apoyo que los buenos amigos pueden dar. La decisión que habíamos tomado para no volver a quedar embarazada venía acompañada de una cirugía, pues no quería correr el riesgo de que algún método fallara y volviera a quedar embarazada. Al haber agotado mis días por enfermedad con los pasados embarazos, mis ausencias ahora serían sin paga. Esto impulsó mi decisión de coordinar la cirugía de esterilización, sin informarlo en mi trabajo, para un día miércoles del mes de noviembre ya que el jueves y el viernes eran días feriados, por lo cual regresaría a trabajar al siguiente lunes. Fui muy temeraria y ahora reconozco que no debí haberlo hecho de esa manera por los riesgos que esto conlleva. Al regresar a trabajar aún estaba muy adolorida y caminaba muy lento, por lo que tuve que hacer un gran esfuerzo para que no se dieran cuenta de que recién salía de un procedimiento quirúrgico.

Pasaron varios años, cuando un día navegando en la página de internet de LPA (Little People of America) encontré información médica relacionada a embarazos en personas con enanismo. El artículo explicaba las probabilidades de transmisión de los genes que causan la condición de enanismo. Al leerlo entendí la razón por la cual mis embarazos no se dieron a término. Los genes tanto de la Displasia Epifisaria como la Acondroplasia (nuestros tipos de enanismo) son dominantes y esto produce problemas en el feto causando desenlaces fatales. De acuerdo al escrito, en aquel momento solo se tenían registros de un solo bebé que logró nacer, pero falleció pocos días después.

Yo logré traducirlo a mi manera y resumirlo de acuerdo a las respectivas características:

-Displasia Epifisaria: torso de tamaño pequeño y órganos internos proporcionales

-Acondroplasia: torso de tamaño promedio y órganos internos proporcionales

Visualicen un bebé con un torso de tamaño promedio pero con un corazón o pulmones pequeños o, por el contrario, un bebé con torso pequeño pero con un corazón o pulmones grandes. En cualquiera de los casos el esfuerzo que tendrían que hacer los órganos para funcionar apropiadamente sería desproporcionado en relación al tamaño del cuerpo.

Aceptación

Reflexión:
Algunas experiencias traen alegría a nuestras vidas y otras lamentablemente traen tristeza. En ocasiones no entendemos la razón por la que tenemos que atravesar por momentos dolorosos. Lo importante es aprovechar la oportunidad en cada una de ellas para aprender, madurar o crecer de alguna manera. En la medida en que le damos cabida a la aceptación de lo que puede ser una experiencia negativa, nos permitimos sanar y sobrepasar la etapa de tristeza más rápidamente y nos sirve para mejorar como personas.

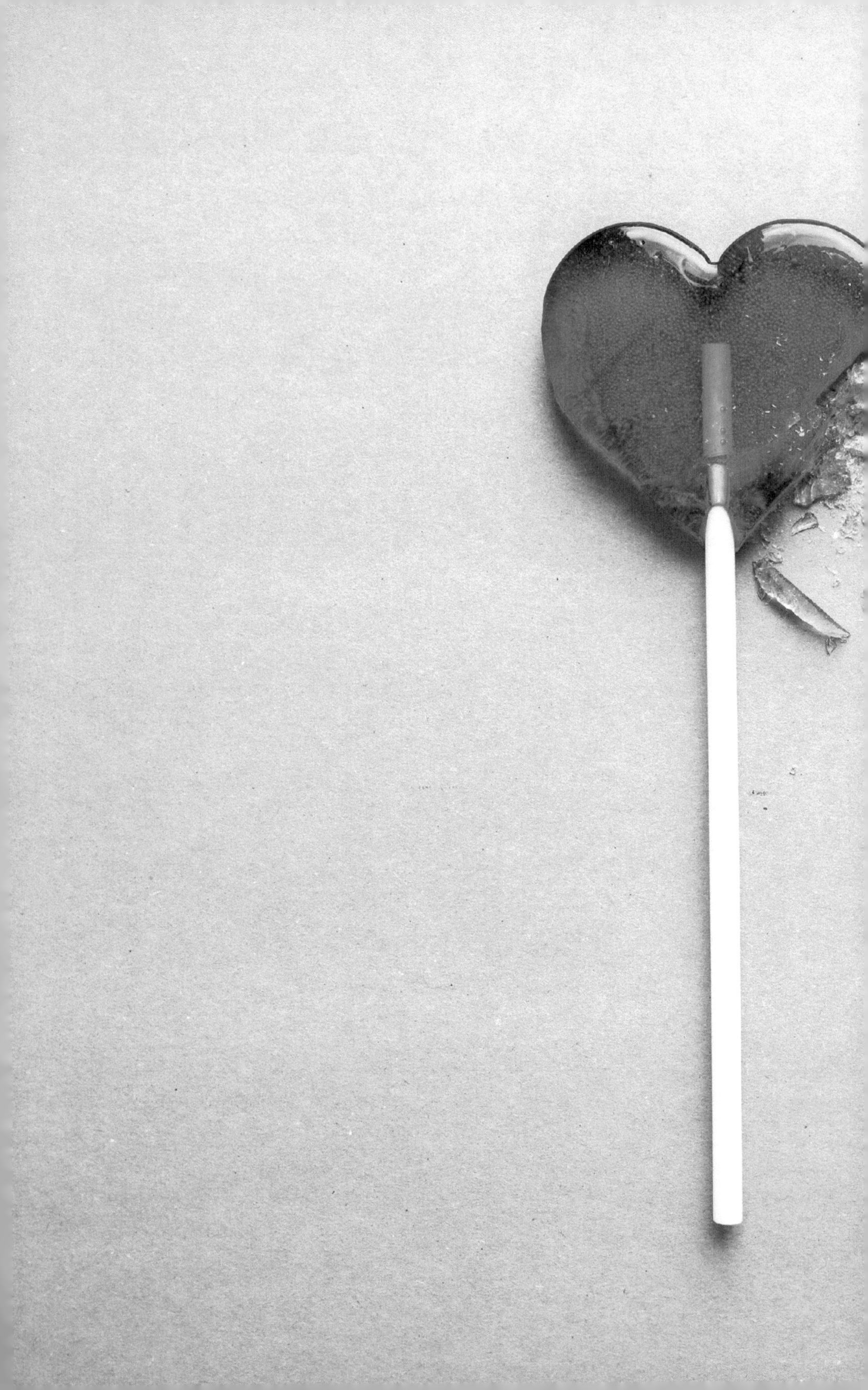

CAPITULO 7

UNA MONTAÑA RUSA

Perdonar y pedir perdón... necesario para continuar nuestras vidas sin arrepentimientos. Solo así podremos alcanzar un futuro feliz.

Los próximos meses fueron una montaña rusa de experiencias y sentimientos. Comencé a notar un distanciamiento de parte de JJ, pero su conducta en general continuaba igual. Él nunca fue el tipo de hombre de salir con amigos y mucho menos de amanecerse fuera de la casa. Su rutina era siempre igual, de la casa al trabajo y del trabajo a la casa, con la única diferencia de que sus horarios podrían variar; lo mismo trabajaba turnos diurnos, que turnos nocturnos. Eventualmente comenzaron algunos problemas. No entraré en los detalles de lo que pasó por respeto a su memoria, pero sí les contaré que todo culminó en divorcio, sufrí y lloré mucho. Nunca imaginé que pasaría por una situación así.

La terminación de nuestro matrimonio tomó a muchos por sorpresa porque, al igual que yo, jamás imaginaron que algo así ocurriría. Para algunos, éramos el matrimonio ideal, ya que ambos éramos de estatura pequeña y no siempre las personas con nuestra condición encuentran pareja. Recuerdo que cuando JJ y yo comenzamos nuestro noviazgo, mi tía materna sostuvo una conversación conmigo; en la que me preguntó, -quizás preocupada por la diferencia de edad que existía entre nosotros-, ¿qué pasaría si la relación no funcionaba? Le contesté que eso podría pasar como a cualquier otra pareja, y nosotros no éramos la excepción. El enfrentarme a la situación del divorcio, me hizo reflexionar sobre las posibles causas de la disolución matrimonial y, definitivamente, la diferencia de edad fue uno de esas causas. Nunca podré justificar lo que llevó al problema, pero quizás una de las razones fue que él no tuvo la oportunidad de vivir algunas etapas típicas en la vida de un joven. JJ asumió las responsabilidades correspondientes a un matrimonio y, aunque en general lo hizo con entereza y valentía, llegó el momento en que quiso explorar lo que le faltó.

Al pasar el tiempo y sanar las heridas, pude revaluar objetivamente las razones que llevaron a este desenlace y pude ver claramente que otros factores también pudieron haber contribuido a nuestra disolución. Yo entendí y asumí mi parte de la responsabilidad, pero definitivamente hubo otros factores externos que fueron claves y que tuvieron responsabilidad aunque no necesariamente fueron aceptados y asumidos. Me queda la satisfacción de que, al cabo del tiempo, ambos pudimos tener una conversación en la que subsanamos las heridas.

En general, traté de continuar con mi vida lo mejor posible, pero tuve mis días de mucho dolor. Recuerdo uno en particular en el que llegué al apartamento de mis padres, luego de haber hablado con JJ y no pude contenerme. Fue tanto el dolor, el coraje y la frustración que sentí en ese momento que me tiré al piso a llorar. El rostro de dolor de mi mamá queriendo hacer algo por mí y no poder, me hizo buscar fuerzas donde no había y reponerme. Por un tiempo no entendí la razón por la que Dios no permitió que mis embarazos llegaran a un final feliz y llegué a cuestionar ¿Por qué? Pero luego de pasar la experiencia del divorcio y las razones del mismo, entendí el propósito de Dios. Años más tarde hubo otra situación en la cual comprendí que las cosas suceden por alguna razón divina.

JJ y yo decidimos poner en venta la casa; él regresó a vivir con su mamá y yo con mis padres en lo que ambos nos reorganizábamos. Lo que obtuve de la ganancia de la venta de la casa lo utilicé para darlo de pronto para la compra de un apartamento. ¿Estaría yo preparada para vivir sola por primera vez? Viví con mis padres hasta que me casé, por lo que no estaba segura, pero debía hacerlo. Era volver a empezar una nueva vida y eso me daba miedo, pero a la vez me daba entusiasmo. Tomaría decisiones por mí misma fueran o no las correctas y aprendería de mis errores.

En mi pueblo, Bayamón, separé un apartamento que estaba en la fase final de su construcción, el mismo estaba en un complejo pequeño. Para facilitarme la vida, escogí un apartamento que fuera en el primer piso no quería tener escaleras que me complicaran el acceso cuando, por ejemplo, llegara con la compra del supermercado. El apartamento era cómodo: tenía dos habitaciones y un tercer área que podía escoger entre hacer un *"family room"* u otra habitación. Yo escogí la primera opción porque no necesitaba tantas habitaciones y, además, lo hacía ver más amplio. Gracias a que la construcción no había terminado cuando lo separé, pude negociar con el desarrollador que los gabinetes de la cocina fueran instalados un poco más bajo de la altura que regularmente tienen. El ajuste se hizo eliminando unas 6 pulgadas de la base. No era la altura perfecta, pero sí una gran ayuda para mí. Yo tampoco quería hacer cambios drásticos pensando en que, si en el futuro yo quería vender la propiedad, los cambios fueran un impedimento para lograr la venta.

Tuve que esperar tres meses para que me lo entregaran, y recuerdo que en el mes de septiembre aproveché un fin de semana largo por un día feriado para mudarme. Me sentía muy emocionada y feliz de haber logrado comprar una propiedad yo sola; comencé a amueblarlo totalmente a mi gusto. Durante la primera semana, recibí algunos de los muebles que había comprado y llegaba del trabajo a seguir acomodando las cosas. Cada noche terminaba extenuada, lo cual era bueno porque me acostaba cansada y me dormía rápido. No me sobraba tiempo para pensar y llorar.

Esa misma semana de mi mudanza anunciaron que un huracán se acercaría a mi isla, Puerto Rico, en unos días. El fin de semana siguiente mi papá me ayudó a comprar paneles de madera y a instalarlos en las ventanas de cristal para protegerlo. Al finalizar, cerramos todo y yo me fui a pasar el huracán con mis padres.

Luego de que el huracán azotó la isla y tuvimos la oportunidad de salir para ver sus estragos, vimos los alrededores, y observamos con susto cómo la furia de los vientos arrancó ventanas completas de ambos lados en un apartamento del complejo donde vivían mis padres, y supimos por otros vecinos que la familia que vivía en ese apartamento tuvo que pasar la noche en el baño del pasillo para protegerse. Mientras, yo solo pensaba en mi apartamento y en el posible daño a raíz del huracán. Tan pronto pude salir, fui a verificarlo y afortunadamente no le pasó nada.

Según iba terminando de acomodar y decorar el apartamento, mi entusiasmo disminuía con los días. Llegó mi primera Navidad viviendo sola, sin mi pareja de varios años. Y el dolor se hacía latente según se acercaban los días festivos. Hice mi mayor esfuerzo para aparentar estar feliz, pero la realidad es que por dentro estaba destruida. En la noche de despedida de año es nuestra tradición familiar el reunirnos para celebrar, y ese año no fue la excepción. A la medianoche, durante el saludo al nuevo año y luego de felicitaciones, besos y abrazos, yo aproveché y me escapé. Me encerré en el baño y de allí llamé a JJ para también felicitarlo. A pesar de lo sucedido entre nosotros quería su felicidad, y a mí se me hacía difícil la vida sin él. De hecho, un tiempo después intentamos reconciliarnos, pero no funcionó. Doce años después de nuestro divorcio, a través de las redes sociales me enteré que JJ había tenido un accidente. Los comentarios que leí me dejaban ver que había sido algo serio. Varios días después falleció. A pesar de que habían pasado tantos años, su muerte me impactó y me dolió pues, aunque ya no sentía la misma clase de amor por él, ciertamente fue una parte de mi vida que siempre recordaré. Les mencioné anteriormente que con el tiempo vería nuevamente la mano de Dios en mi vida y fue en este momento- puedo asegurar que con nuestra separación Dios me previno de un sufrimiento mayor si hubiese estado aún casada con él, al momento de su muerte.

Otro recuerdo que guardo y que me ayudó a mantener paz espiritual al enterarme de su muerte fue el haber tenido la oportunidad de expresarle que lo había perdonado. Este perdón sucedió un día en el cual recibí un mensaje suyo a través de las redes sociales. Me sorprendió mucho porque hacía muchos años que no sabía de él, pero mucho más me asombró lo que me expresaba. Me pedía perdón por lo que sufrí. Recuerdo con mucha claridad mi contestación: "Hace mucho tiempo te perdoné. Dios tiene un propósito con todo lo que sucede. Si las cosas hubieran sido diferentes, yo no tendría la felicidad que me da mi hija y tu no no tendrías la tuya".

Atesorar

Reflexión:
 Nada más cierto el refrán que dice "Debemos disfrutar cada día como si fuera el último". El regalo de la vida es único y algunas maneras de agradecer por ello son, siendo los mejores seres humanos posible y disfrutando las bendiciones que recibimos a diario. Podremos enfrentar situaciones que nos bajen el ánimo, pero debemos encontrar la manera de continuar nuestro caminar por la vida buscando la felicidad, sobre todo porque no sabemos hasta cuando estaremos aquí. La vida es corta y si tenemos la bendición de continuar en este plano, atesoremos este gran regalo y busquemos un buen propósito de vida.

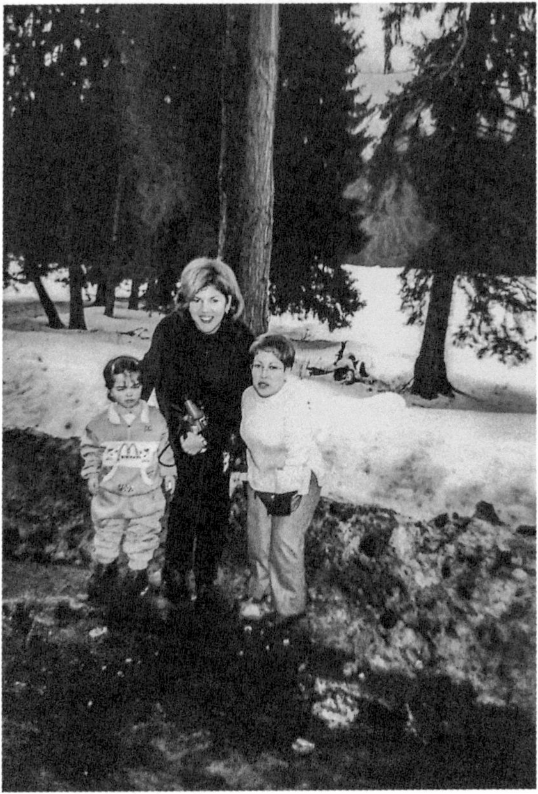

CAPITULO 8

ENTREGUÉ MI ALMA

Cuando damos las cosas por sentado, las recibimos, pero no siempre se aprecian como debe ser. Cuando se tiene que luchar por algo hasta lograrlo, lo atesoramos y agradecemos infinitamente.

Pasaron aproximadamente dos años cuando sentí que ya me había recuperado de lo sucedido en mi vida sentimental y comencé a pensar otra vez en la posibilidad de convertirme en madre. Mi alma sentía que le hacía falta algo a mi vida, necesitaba una razón por la cual continuar trabajando y luchando. Quería entregar mi tiempo y mi amor a alguna criatura que también estuviera necesitando amor. Así que me di a la tarea de buscar información sobre diferentes agencias de adopción y comencé una nueva aventura.

Yo deseaba ciertas especificaciones: prefería una niña, que fuera de pocos meses de nacida y que tuviera enanismo (en esta última no había flexibilidad). Debido a que no todos los días nacen niños con la condición y menos aún en una isla tan pequeña como Puerto Rico, estaba clara en que debía ampliar mis opciones de búsqueda, principalmente por el requisito de tener enanismo. De esta manera empecé a contactar diferentes agencias de adopción en los Estados Unidos. Gracias a Dios para ese momento ya existía el Internet y eso me facilitó y agilizó bastante la búsqueda. En el proceso aprendí que cada agencia y cada país tiene sus propios requisitos y procesos diferentes, que el costo variaba considerablemente y que mientras más cerca el país, más costoso era (jamás supe o entendí la razón de esa ironía). Entre los requisitos que pude encontrar durante la búsqueda estaban los siguientes: edad de los padres adoptantes puesto que algunos países tenían un límite (máximo) de edad, el estado civil, el cual era determinante para algunos países, ya que algunos solo aprobaban matrimonios, quiénes constituían la pareja adoptante, puesto que en algunos países no aceptaban parejas homosexuales. Además, algunos países requerían a los padres adoptantes visitar el país previo a la adopción final, inclusive pasar temporadas en dicho país. Algunos permitían que vieras primero al niño, otros no. Yo soy una persona bien estructurada y organizada y, sobre todo bien visual, por lo que después de recibir información de varias agencias de adopción preparé una tabla en el programa de computadora Excel en la que incluí la mayor información posible que me ayudaría a tomar la decisión final. Mi tabla incluía información sobre cada uno de los requisitos, edad, estado civil, costo aproximado de los vuelos, cantidad de visitas y días aproximados de las estadías, edades mínimas de los niños en adopción y costo de la adopción, entre otros. No recuerdo cuánto tiempo me tomó hacer la evaluación, pero sí sé que demoré más de lo que yo hubiera querido.

Durante ese periodo investigativo, vi una película que trataba sobre una adopción que se realizó de forma ilegal. Era la historia de una pareja que había hecho su proceso de adopción a través de una persona que, a su vez, conocía un abogado que realizaba todos los trámites. Hasta aquí todo iba bien, el giro triste e inesperado fue que los niños a los que este abogado ponía en adopción, habían sido secuestrados de sus padres biológicos, pero los padres adoptivos no cedieron fácilmente y lucharon por retener al niño. De inmediato validé que mis valores morales no me permitirían hacer algo así. Yo no podría establecer mi felicidad a costa del dolor de otras personas.

Encontré varias opciones de adopción, pero ninguna de ellas se completó por diferentes razones. En China hice el intento con dos niñas, pero la contestación que recibí de parte de la agencia fue que, por requisitos del país, no aprobaban el que los padres adoptantes tuvieran la misma condición del niño. Esto me parece insólito, porque conozco varias personas con enanismo que han adoptado en ese país niños con la condición. En otra ocasión me hablaron de otro país en el que había un niño con enanismo y estaba en un hogar de monjas. Me puse en contacto con una abogada del país y me pidió que fuera personalmente para que tuviera una entrevista en una oficina gubernamental que se encargaba de las adopciones. Esto porque, aunque el país no aprobaba adopciones a extranjeros, si yo iba personalmente y hablaba con ellos, podía lograr que ese caso lo aprobaran, dado que el niño no tenía muchas posibilidades de ser adoptado por la condición. La abogada pensaba que el hecho de que yo también tuviera enanismo, podía persuadir a los representantes gubernamentales para hacer una excepción. Al llegar allá, la abogada me comentó que ya el niño hablaba de su mamá, refiriéndose a mí, porque las monjas le habían dicho que yo estaba haciendo los trámites. Cuando tuve la reunión en la oficina gubernamental, entendí que no habría manera de que se hiciera una excepción a la ley. Las opciones eran residir en el país por seis meses (lo cual era imposible por mi trabajo) o un matrimonio, al menos temporal. Las implicaciones legales de eso definitivamente no eran lo que yo debía aceptar por lo que salí literalmente corriendo de allí. Me fui de la oficina y al otro día salí del país sin volver a hablar con la abogada.

En otra ocasión encontré a través de una agencia de adopción a una niña en la India. En este caso pasé por el proceso preliminar de selección como posible madre adoptante, pero como había otras dos familias interesadas en ella, la agencia de adopción siguió el protocolo establecido en esos casos e hicieron una evaluación de las tres posibles familias adoptantes. Finalmente, la niña fue asignada a otra de las familias. Recuerdo que cuando comencé este proceso de la niña de la India recibí información, fotos y hasta un vídeo de ella. Para mi mamá y para mí, era increíble el parecido que la nena tenía conmigo cuando yo tenía la misma edad. Quizás por el parecido físico que teníamos o por las condiciones del lugar donde ella vivía, me ilusioné mucho y me dolió más la denegación. Aún la recuerdo con mucho cariño y le pido a Dios que esté feliz.

Cada una de esas opciones y sus gestiones me drenaron emocionalmente. El nivel de positivismo con el que comenzaba cada trámite terminaba en cero y mis esperanzas se iban minimizando con cada contestación negativa que encontraba en el camino. Durante todo ese proceso me di cuenta que mientras más pequeños eran los niños, menor era la posibilidad de lograr la adopción, pues la mayoría de las personas prefieren niños de poca edad por la creencia de que será más fácil la crianza de acuerdo a su estilo, mientras que un niño más grande ya tiene costumbres y conductas que quizás sean difíciles de corregir. Llegó el punto en que reevalúe mis requisitos para ampliar mis posibilidades de lograr la adopción. En ese momento de mi vida ya tenía 38 años y en el análisis que hice me di cuenta de que, si yo hubiera tenido hijos cuando estaba en el periodo de los 20, podría ya tener hijos adolescentes. Así que, tomé la decisión de darle la oportunidad a niños más grandes.

Acababan de pasar los días festivos de la Navidad y me había quedado en la casa de mi hermana. Recuerdo que era domingo y me levanté temprano; aprovechando que en la casa había servicio de Internet decidí intentar una vez más hacer una búsqueda a ver que encontraba, aunque la verdad es que ya no tenía muchas esperanzas. Durante la búsqueda entré en la página de una agencia llamada Tree of Life Adoption Center con sede en el estado de Oregon, y comencé a mirar las fotos de los niños que ellos tenían listos para ser adoptados. Para mi sorpresa me topé con la foto de una niña de Rumanía, la descripción decía que tenía 10 años y con enanismo. ¡¡¡Era hermosa!!! En la foto se veía más morenita de lo que era en realidad. Tenía el cabello corto oscuro y sus ojitos, a pesar de tener estrabismo, irradiaban una alegría increíble. La bella niña vestía un traje corto color rosa y blanco. Mi corazón se aceleraba cada vez más, algo me decía que esa era, esa era mi niña...

Imprimí toda la información que pude y al día siguiente llamé a la agencia de adopción. Para evitar desilusiones, lo primero que pregunté fue si la niña aún no había sido adoptada, no fuese el caso de que la página de internet no estuviese actualizada. Luego indagué si había otras familias interesadas en ella; no estaba segura de querer pasar por otro proceso de evaluación con la posibilidad de no ser yo la escogida. Todo apuntaba a que iba por buen camino- no había nadie realizando trámites para adoptar a la niña. Inmediatamente le pedí a la agencia que me enviaran todos los requisitos necesarios y les indiqué que me interesaba comenzar el proceso de evaluación cuanto antes. ¡A los pocos días recibí todo lo que había solicitado y más! Me incluyeron un video de la nena leyendo y jugando en su salón de clases. Cuando mi familia y mis amigos la vieron, al igual que yo, quedaron encantados con ella. La conexión emocional con la niña fue inmediata.

La decisión de adoptar estaba tomada, pero había algo importante que considerar y de eso dependía el que lo pudiera lograr. La cantidad de dinero que necesitaba para el proceso de adopción era considerable para mí, quien hasta ese momento no había hecho un buen esfuerzo para ahorrar. Me pasé días pensando cómo haría para conseguir el dinero y la única opción que veía era hacer un préstamo, lo cual no era de mi entero agrado, pero tampoco lo descartaba. A la misma vez, la decisión tenía que tomarla lo antes posible. Con el tiempo, y mientras aprendía todo lo que conlleva el pago de una adopción, fui entendiendo que durante el tiempo que los niños pasan en orfanatos reciben ropa, comida, techo, cuidados, educación y todo eso cuesta. Están además los gastos por trámites legales, los cuales son realizados por profesionales que hacen un trabajo como cualquier otro y necesitan ser remunerados. Así, que empecé a valorar lo que hasta el momento estaban haciendo por mi hija en el orfanato donde había vivido por 10 años.

Una tarde, regresando del trabajo pensaba y le pedía a Dios que me iluminara con alguna idea viable; mi petición fue escuchada. Me llegó la idea de vender mi apartamento y la ganancia utilizarla para pagar los gastos de la adopción. Me comuniqué con una amiga, quien era corredora de bienes raíces y le pedí que evaluara la situación. La opción de venta era viable, con la única condición de que debía vender y mudarme por una temporada con mis padres para ahorrar lo máximo posible y, entre la ganancia de la venta y los ahorros que pudiera lograr, tendría lo suficiente para cubrir los gastos y tener para el pronto de otra propiedad. Lo pensé detenidamente y definitivamente era la mejor opción. Nuevamente fui bendecida y pude vender el apartamento rápidamente, por lo que el plan estaba en función. De primera impresión mis padres se preocuparon por la idea loca pero, a la misma vez, estaban felices de recibirme otra vez de vuelta y de alguna forma poder ayudarme a lograr mi gran sueño.

El proceso de la adopción comenzó en febrero de 2001 y el tiempo que demoró fue el mismo que un embarazo: 9 meses exactos. En septiembre de ese año me anunciaron que todo estaba en orden y listo para que fuera a firmar los documentos finales y ¡buscar a mi hija! Pero, como no todo es color de rosa, les contaré lo que pasó durante esos 9 meses de "embarazo". Durante la evaluación para decidir si adoptaría en un país extranjero y tratando de expandir mis posibilidades, comencé simultáneamente el proceso del Estudio de Hogar, el cual debía realizar el Departamento de la Familia, agencia en Puerto Rico que maneja este tipo de casos. Aunque yo me había orientado años atrás sobre el proceso, mi situación en ese momento había cambiado, pues ahora estaba divorciada y con nueva vivienda. Como parte del estudio de hogar, me asignaron una trabajadora social, quien evaluaría mi condición socio-económica como madre adoptante. Tuve que entregar certificados médicos de buena salud, resultados de laboratorios, certificado de buena conducta, evidencia de un hogar adecuado y otros documentos. Como parte del proceso, la trabajadora social y yo nos reunimos dos veces en su oficina con el propósito de hacerme entrevistas y una tercera ocasión en la cual me visitó en mi apartamento para constatar que el mismo tuviera lo básico que una familia debe tener. En esta fase todo transcurrió con bastante rapidez.

Al inicio del estudio le había hecho saber a la trabajadora social que, debido a que yo necesitaba ampliar mi campo de búsqueda, iba a necesitar que el reporte final del estudio me fuera entregado en el idioma inglés para que, llegado el caso, el mismo pudiera ser entregado a la agencia que yo escogiera; la trabajadora social estuvo de acuerdo con mi solicitud.

Pasaron varios meses y el proceso con mi agencia, Tree of Life Adoption Center, fluía con rapidez, por lo que me empezaron a requerir el estudio de hogar. Simultáneamente, la trabajadora social del Departamento de Familia de Puerto Rico me había dicho verbalmente que el estudio estaba aprobado, sin embargo no me hacía llegar el reporte escrito, a pesar de varios seguimientos. En el ínterin hubo cierta conducta inapropiada por parte de ella y al parecer por no aceptar su propuesta, dejó de contactarme y tampoco devolvía mis llamadas. Yo entendí que era su forma de penalizarme, porque sabía la urgencia que era para mí el obtener el reporte, y por esta razón decidí presentar una querella con sus superiores. Finalmente, en pocos días me hicieron llegar el reporte del estudio, pero me lo entregaron solo en español, no en el idioma inglés como habíamos acordado previamente. Al leerlo me di cuenta de que la redacción tenía muchos errores, pero no había nada que yo pudiera hacer al respecto. Cuando les expliqué que necesitaba el reporte en inglés y que yo lo había indicado desde el inicio, me contestaron que no acostumbraban a hacerlo y, que si lo hacían para mí, tendrían que hacerlo para otros padres adoptantes. Así que consulté con mi agencia de adopción y ellos me autorizaron a hacerle una traducción, pero la misma debía de ser realizada por una persona certificada para ello y la traducción debía ser una copia fiel y exacta al original. Conseguí a una traductora, quien inmediatamente comentó lo que ya yo había observado sobre la calidad de la redacción. La traductora, como buena profesional, hizo su trabajo pero con mucha frustración, porque no estaba de acuerdo con hacer una traducción fiel y exacta sabiendo que el reporte no estaba bien redactado.

Eventualmente, envié a la agencia ambos reportes, el original en español y la traducción certificada, pero sufrí una gran decepción al explicarme que no podían aceptar ese reporte por la forma tan deficiente en la cual había sido redactado el reporte original. Sentí que el mundo se me venía encima, no tenía idea de que debía hacer y no quería tener que lidiar otra vez con la trabajadora social del Departamento de Familia de PR. Por suerte la persona que llevaba mi caso en la agencia de adopción buscó alternativas y me sugirió que hiciera otro estudio de hogar, pero esta vez por una trabajadora social privada. El plan era el siguiente, debido a que de acuerdo a los procesos y requisitos de la oficina de Ciudadanía e Inmigracion del gobierno federal, ellos debían utilizar el estudio de hogar preparado por la agencia gubernamental local para el ingreso de la niña al territorio americano. La agencia de adopción utilizaría el estudio de hogar privado como parte de sus procesos.

Al menos había una esperanza, aunque yo tuviera que desembolsar dinero adicional. De inmediato me di a la tarea de buscar algún trabajador social. Por suerte conseguí una profesional con empatía quien, al explicarle la situación, fue flexible para trabajarlo con la urgencia que yo necesitaba.

Tanto fue así, que en un par de semanas lo completó. Siempre le estaré agradecida por su receptividad y compromiso.

Mientras todo eso ocurría, mi hermana me había puesto en contacto con un músico rumano que vivía con su familia en Puerto Rico; él muy amablemente me recibió en su casa para hablarme un poco de su cultura y me regaló varios diccionarios y libros que me ayudarían a comunicarme con mi futura hija. Mi sobrino, que para ese entonces tenía aproximadamente 6 años, se entusiasmó mucho al saber que podíamos aprender un poco del idioma y, todas las tardes repasábamos juntos los colores y algunas palabras y frases que nos ayudarían al menos con las cosas básicas.

Para ese entonces, ya había logrado evolucionar con mi dinero y había separado otro apartamento, que también estaba en construcción y me lo debían entregar a tiempo para cuando tuviera a mi hija. Otra bendición que recibí fue el enterarme de que una fundación de Rumanía iba a aportar la mitad del costo de la adopción. Esto, debido a que la nena tenía una condición médica (enanismo) y ya tenía una edad en la que se dificultaba que fuese adoptada. Esto definitivamente fue una gran ayuda para mí, una vez más Dios me bendecía.

Otro evento que se estaba coordinando por parte de amigas y familiares, fue un *"Baby Shower"* (fiesta para celebrar la llegada de un bebé y en la que los asistentes llevan regalos para el niño o niña por nacer) o, como le decíamos nosotros un *"Teen Shower"* (por la edad de la nena que era casi una adolescente). Me habían sugerido que, dada la edad, y como no sabíamos sus gustos y tamaño de ropa y zapatos, hiciera una lista de regalos con cosas generales para su cuarto, así que escogí varios juegos de cama, lámpara y artículos decorativos. Los asistentes también le obsequiaron tarjetas de regalo para que, una vez ella llegara, la llevara a comprar lo que ella quisiera. Fue lo mejor porque no es tarea fácil comprar ropa y zapatos para las personas con enanismo y más aún sin medírselos, por lo que luego podría llevarla a comprarle lo que realmente le sirviera y a su gusto. Recuerdo que el bizcocho para la actividad se hizo con una técnica en la que se utiliza una foto ampliada impresa en un material comestible que se coloca sobre el bizcocho. Se utilizó la primera y única foto hasta ese momento que tenía de ella. ¡Quedó hermoso!

Al completar toda la documentación y cumplir con todos los requisitos, finalmente, a principios del mes de septiembre de 2001 recibí la noticia de que a fin de mes debía viajar a Rumania para encontrarme con mi hija y traerla a casa. Mi hermana ya me había dicho que cuando llegara el momento de recoger a mi niña, ella me acompañaría, así que comenzamos a buscar alternativas de vuelos y hacer todos los trámites, pero….., el 11 de septiembre de ese año sucedió el trágico ataque a las Torres Gemelas en Nueva York (NY) y el mundo se paralizó.

Recuerdo como si fuera hoy que yo estaba en mi trabajo cuando recibí una llamada del esposo de mi jefa. Como ella se encontraba reunida le indiqué que le dejaría saber a ella que él había llamado, pero él me dijo: "Dile que acaban de atacar las Torres Gemelas". Yo no lo podía creer y justo cuando yo miro hacia dentro de la oficina veo la cara de asombro de ella porque se acababan de enterar, mientras estaban en la reunión. En esos días teníamos visita del personal de una de las plantas de Estados Unidos y uno de ellos estaba desesperado porque su hija acababa de mudarse a NY para comenzar sus estudios universitarios y no lograba comunicación con ella vía telefónica. A pesar de que él tenía su computadora portátil, tampoco lograba conexión, así que le ofrecí que utilizara mi computadora y al cabo de un rato finalmente consiguió comunicarse con ella por email. Jamás olvidaré la alegría y el alivio en su rostro.

Lo que acababa de ocurrir era algo sin precedentes que impactaba no solo a NY, sino a todos los países del mundo de alguna manera. Como resultado, muchos países comenzaron a hacer ajustes y cambios en diferentes áreas. Para mí, lo peor fue recibir la llamada de la agencia de adopción para decirme que Rumania, país de origen de la nena, había decidido paralizar todos los procesos de adopción hacia el extranjero. Esa ha sido una de las peores noticias que he recibido en mi vida, pero no había nada que yo pudiera hacer; solo me quedaba esperar a que el mundo regresara a la normalidad lo antes posible. Pero no quedó ahí. A las pocas semanas recibí otra llamada de la agencia de adopción para explicarme que el gobierno de Rumania estaba finalizando el proceso de unirse a la Unión Europea y debido a esto, las adopciones extranjeras no se podrían completar, pero en mi caso había una pequeña esperanza, pues los documentos legales y finales de la adopción, ya se encontraban en el último paso. Me explicaron que quizás un poco de presión del gobierno de mi país, podría ayudar.

Yo nunca he estado involucrada en la política, ni conocía a nadie del gobierno a quien poder contactar para pedir ayuda, pero eso no me detuvo. La agencia de adopción me informó que organizaciones humanitarias también podrían intervenir. Comencé a recopilar ideas que me iban dando familiares y amigos y comencé a pedir ayuda. Llamé a la Cruz Roja solicitando su apoyo. Envié cartas al gobernador incumbente, al comisionado residente y a legisladores de mi país. También le escribí a varios congresistas de los Estados Unidos, quienes eran latinos. Solo le pedía a Dios que mi carta pudiera tocar el corazón de alguno de ellos y quisiera comprometerse a interceder por mí.

¡Y una vez más, Dios contestó mis súplicas! Una de las personas contactadas en el gobierno envió una carta al Embajador de EU en Rumania solicitando que se reconsiderara mi caso. Ahora solo nos quedaba esperar. Llegó el Día de Acción de Gracias y como todos los años, nos reunimos en familia para celebrarlo. Antes de comer nos reunimos todos para dar gracias y entre las oraciones que se hicieron hubo una que tocó mi corazón muy especialmente. Mi cuñado en ese momento, además de dar gracias hizo una petición para que la situación de la adopción se resolviera. Yo sé que muchas personas oraban por eso, pero el hecho que él incluyera la petición en ese momento fue algo muy hermoso que siempre atesoraré en mi corazón.

Mientras todo eso ocurría ya había hecho el cierre del préstamo del nuevo apartamento y estaba en el proceso de mudarme. Esta vez era una emoción totalmente diferente, pues sería el nuevo hogar de la familia que conformaríamos mi hija y yo.

Varios amigos me ayudaron a pintar el que sería el cuarto de la nena. Opté por pintar las paredes de un verde pálido para combinarlo con varios juegos de cama que le habían regalado y que tenían ese color. El juego de cuarto era sencillo y juvenil. No había mucha decoración porque prefería esperar a que ella escogiera algunas cosas a su gusto. Colocamos varias tablillas en las que pusimos los peluches y algunos detalles que ya le habían regalado personas que ya la querían sin haberla conocido.

Pasé la Navidad del 2001 a la espera de una contestación de la agencia de adopción. El 6 de enero de 2002, cuando se celebra el Día de Reyes en mi país, mi mamá me invitó a misa, pero por alguna razón, le dije que prefería quedarme en la casa y que luego iríamos a visitar la familia. El teléfono que tenían en la agencia de adopción como principal contacto era el de la casa de mis padres, porque yo había estado viviendo con ellos, durante la mayor parte del proceso de adopción. Mientras esperaba a que mi mamá llegara de la iglesia, sonó el teléfono y para mi sorpresa total, era de la agencia de adopción. Me llamaron para informarme que finalmente el gobierno de Rumania había determinado completar la adopción de la niña y que debía viajar a fines de mes para buscarla. Aún hoy día no puedo expresar en palabras el conjunto de emociones que sentía en ese momento, alegría, ansiedad, expectación, nervios... Siguiendo en la línea de comparar el proceso con un embarazo, ¡había roto fuente!

La primera en enterarse de la noticia fue mi hermana, a quien llamé para, además de darle la buena nueva, indicarle que debía comenzar otra vez los arreglos necesarios para viajar. Cuando mis padres llegaron de la iglesia recibieron la noticia de que pronto conocerían a su nueva nieta, Klaudia. Se podrán imaginar la alegría y la emoción que vivimos en ese momento. Mi corazón estaba exaltado de tanto amor que tenía por esa niña, mi niña, a quien pronto conocería y abrazaría. De acuerdo a las leyes de Rumania, al hacer una adopción el nombre de pila del niño/niña no se puede cambiar. Por suerte, Klaudia tenía un nombre que era utilizado en Puerto Rico; lo único era que el suyo comenzaba con la letra K, algo que no era común en ese entonces para ese nombre, pero que en los últimos años ha sido de modalidad.

El resto del mes pasó entre la búsqueda de vuelos, reservación de hotel, conseguir ropa de invierno, tanto para mí como para Klaudia, pues la agencia de adopción me había explicado que debía llevarle ropa para la semana que estaríamos en Rumania en el proceso de finalizar los trámites legales y de inmigración. No tenía un tamaño exacto de ropa y zapatos para la niña, puesto que en Europa se utiliza otro sistema métrico, además que su altura no era la de un niño promedio. Tuve que solicitar a través de la agencia que me dieran las medidas del largo de sus piernas y su torso para tener una idea de cuán "alta" era y así poder comprar lo indispensable para esa semana. Por suerte, como era principio de año, en las tiendas todavía se podía conseguir ropa de invierno, que generalmente no es mucha, debido a que en Puerto Rico no tenemos un invierno como tal, pero algunas tiendas llevan un poco de mercancía para la época. A pesar de la preocupación por no estar segura si le serviría, disfruté mucho el proceso de seleccionar su ropita. Para los zapatos, fue una historia totalmente diferente, porque no pudieron indicarme el tamaño de calzado y necesitaba comprarle botas debido al clima. Opté por unas botas que al fin y al cabo no le sirvieron y se tuvo que quedar con las botas estilo militar que traía puestas cuando me la entregaron, que para nada eran de mi gusto, pero a ella le encantaban.

Viajamos el sábado 26 de enero y llegamos a Bucarest, capital de Rumania al día siguiente. El lunes saldríamos temprano para Harghita, pueblo donde se ubicaba el orfanato y ese mismo día regresaríamos a Bucarest en donde el resto de la semana completaríamos toda la documentación y el proceso necesario. Al llegar al aeropuerto no teníamos idea de cómo era la persona que nos recogería; en la agencia solo me habían dado su nombre, Dan, y me dijeron que él sería nuestro traductor. Mi hermana y yo íbamos con cierta preocupación de realmente encontrar a la persona y lograr entendernos con él, debido al idioma. Al salir del terminal, Dan nos esperaba sosteniendo un letrero con mi nombre; sentí un gran alivio al verlo. De inmediato nos llevó al carro y comenzó a explicarnos un poco sobre el proceso mientras íbamos de camino al hotel. Les confieso que yo iba con tantas emociones, que no recuerdo los detalles de lo que vi en ese trayecto. Mis memorias saltan del momento en que subimos al carro al momento en que llegamos al hotel.

Cuando hicimos la selección del hotel, tomamos en consideración el que fuera de una cadena americana, pues no sabíamos cómo serían los hoteles locales y la comida; preferíamos la posibilidad de tener las mismas facilidades y opciones que ofrecen los hoteles a los que estábamos acostumbradas. Al llegar nos encontramos con un edificio de aspecto un tanto antiguo, con cierto lujo y un aire un tanto misterioso. Parecía salido de una película. Como se imaginarán luego de un viaje de casi 24 horas, llegamos muertas de cansancio, así que subimos a la habitación, pedimos servicio de comida y nos acostamos a dormir. Al otro día debíamos madrugar, pues según nos explicó Dan, Harghita está ubicado a cuatro horas en carro desde la capital.

El lunes 28 de enero nos levantamos temprano y a las 5:00 a.m. Dan nos recogió a nosotras primero para luego pasar a buscar a Elena, la abogada que había realizado todos los trámites legales allí en Rumania. Todavía estaba oscuro cuando salimos y una vez más, mi hermana y yo, aunque felices, también estábamos asustadas por estar en un país extranjero, un idioma que no entendíamos y con personas totalmente desconocidas en medio de un camino obscuro para atravesar casi la mitad del país. Según fue pasando el tiempo, el cansancio comenzó a vencernos nuevamente, pero ninguna de las dos se atrevía a tomar una siesta. En un momento determinado Dan hizo una parada para tomar un chocolate caliente y fue entonces cuando mi hermana me comentó que se caía del sueño, pero no se atrevía a dormirse. Decidimos que nos turnaríamos para coger la siesta, de esa manera una de las dos estaría alerta, mientras la otra 'recargaba las baterías'.

El paisaje era hermoso, pasamos por pequeños pueblos, campos y montañas, algunas con los picos cubiertos de nieve. Durante el camino aprovechamos para hacerle algunas preguntas a Dan sobre diferentes temas y una de las cosas que descubrimos era que la niña no hablaba rumano, sino húngaro. Esto debido a que la región en donde ella vivía había pertenecido en el pasado a Hungría y ese era el idioma predominante allí. Esto quería decir que todo aquel tiempo que pasamos mi sobrino y yo estudiando rumano, lo habíamos perdido y, peor aún, ahora yo no tenía ni la más mínima idea de cómo lograría comunicarme con ella. Para mí esto fue una gran sorpresa, pero ya estábamos en medio de todo, así que Dios nos ayudaría a salir adelante.

Recuerdo también algo que nos llamó mucho la atención, y fue que al pasar por uno de los pueblos nos encontramos con un camión que llevaba el área de carga abierta, pero dentro del área tenía bancos a lo largo de ambos extremos con personas sentadas y en el centro un ataúd. Le preguntamos a Dan si estábamos en lo correcto y nos explicó que era la forma en que la gente pobre hacía sus entierros. Eso me comenzó a dar una idea de lo que pudo haber vivido Klaudia en sus primeros años y mi corazón se entristeció. ¿Habría vivido en extrema pobreza? ¿Qué situaciones habría tenido que enfrentar a tan corta edad? Eran algunas de las preguntas que vinieron a mi mente. Cuando llegamos a Harghita, Dan me preguntó si llevaba algo para el orfanato, con lo cual yo quedé sorprendida, porque no me habían dicho nada sobre eso. Le pregunté a qué exactamente se refería, pensando en que quizás esperaban recibir dinero, pero me dijo que por lo general las personas que visitaban el orfanato llevaban regalos para los demás niños. Mi sorpresa fue aún mayor... no sabía que podía hacer en ese momento. Entonces Dan me explicó que se acostumbraba llevarles frutas o dulces. Sentí un alivio, pues era algo fácil de conseguir y no muy costoso; ya para ese momento mi presupuesto estaba limitado. Nos detuvimos en una pequeña tienda del pueblo y allí compramos lo que él nos sugirió, pues aparte de las

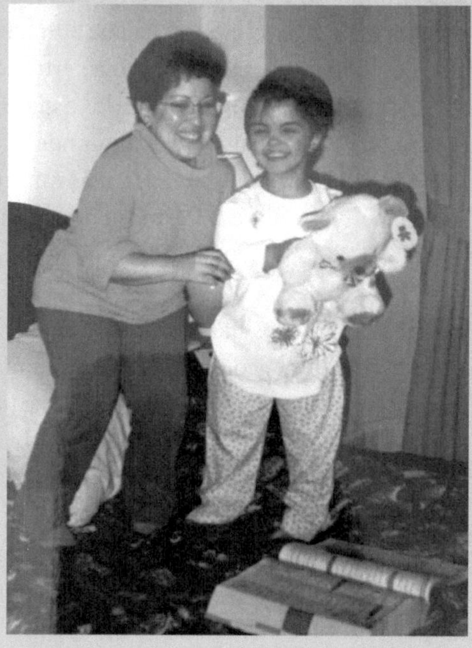

frutas había cosas que no conocíamos y no queríamos comprar nada que pudiera ser perjudicial para los niños.

Estábamos ya a 15 minutos del orfanato y mi corazón latía aceleradamente. Yo trataba de ver los alrededores para llevarme una idea del lugar donde mi ahora hija había nacido y donde había vivido hasta ese momento. Y luego de los 15 minutos más largos de mi vida, por fin llegamos. Dan se estacionó frente al edificio, que nuevamente tenía un aspecto antiguo. El edificio no era muy alto, tendría tres o cuatro pisos, pero era ancho. Estaba rodeado de una verja, y en la entrada, antes de las escaleras, había una caseta de un guardia. Dan se bajó primero y habló con el guardia. Al regresar le pidió a Elena, la abogada, que fuera con él y nos indicó a mi hermana y a mí que continuáramos esperando en el carro hasta que nos volviera a buscar. Otra vez me invadió el miedo y la inseguridad. Pasaron no sé cuantos minutos más hasta que finalmente regresó a buscarnos. Subimos las escaleras y al entrar al edificio nos indicaron que nos dirigiéramos hacia el lado izquierdo mientras una persona nos esperaba en la puerta de una oficina. Mientras caminaba, a lo lejos escuchaba una multitud de voces de niños, miré alrededor para verlos, pero solo logré ver a una persona a la distancia. No sé si era un niño o un adulto, solo me llega un vago recuerdo de una silueta pero no logré descifrar de donde provenían las voces.

Al pasar a la oficina nos esperaban varias personas y en los minutos siguientes llegaron varias más. Dan me indicó que habían ido a buscar a Klaudia y que pronto vendría. Ya mis nervios no aguantaban más, estaba tan ansiosa y miraba a los presentes queriendo entender lo que hablaban entre ellos, pero el idioma no me lo permitía. ¡De repente se abrió la puerta y ahí estaba mi pequeña princesa, hermosa! Con su pelo oscuro corto, sus ojitos cruzados por el estrabismo y su carita de ángel…

Empoderamiento

Reflexión:
Toma las riendas de tu vida para lograr cada uno de tus sueños y metas. La vida siempre pondrá obstáculos que nos pueden atrasar para alcanzar lo que queremos, pero está en ti, buscar alternativas que te lleven a lograr lo que te hayas propuesto. Muchas veces he pensado que son esas piedritas con las que tropezamos, las que también nos impulsan a continuar. El camino fácil se hace ligero y no da tiempo para disfrutarlo, pero cuando es uno difícil, entonces es cuando debes disfrutar más cada paso que des; al final la recompensa será mayor y más apreciada.

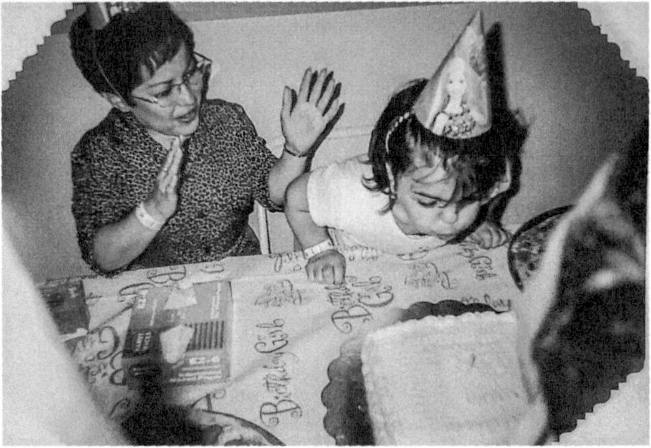
Birthday Girl

CAPITULO 9

EL DÍA QUE DEJÉ DE SER BRENDA

*Cuando la posibilidad de la maternidad biológica
no es posible, la adopción se convierte en una
meta por la que se entrega el alma.*

Klaudia entró a la oficina sonreida, pero al verme su rostro se transformó y se puso muy seria. Yo traté de acercarme, pero percibí que ella estaba asustada. Las personas del orfanato le hablaban y le hacían gestos para que se acercara, pero ella no se movía y solo me miraba fijamente con timidez. Intenté nuevamente acercarme y pedirle un *"puszi"* beso en húngaro, pero se negó. En ese momento entendí que algo no andaba bien. Decidí darle su espacio y no insistir más, pero noté que su reacción no era igual con mi hermana. Con ella era evidente que todo era diferente; se acercaba a ella y la miraba de otra forma. No sé cuánto tiempo estuvimos en aquella oficina, pero lo suficiente para que yo quisiera salir de allí. Yo solo quería comenzar a ganarme el cariño de Klaudia y pensé que si nos íbamos eso podría ocurrir rápidamente. Que equivocada estaba...

Por fin llegó el momento de la despedida. Mientras yo agradecía a todos a través de Dan, Klaudia fue abrazada por cada uno de las personas allí presentes. Para mi sorpresa Klaudia se mantuvo tranquila, aunque un poco asustada. Caminamos hasta afuera y yo iba cerca de ella, pero dejando espacio para no abrumarla. Idia se quedó un poco más atrás y aprovechó para cuestionar la razón de la reacción de la nena y Dan tradujo una explicación que, al día de hoy, no creo posible. Dijeron que su madre biológica también era pequeña y la había maltratado y que ella al verme sintió miedo. Que la señora fuera pequeña es una posibilidad y que la haya maltratado también, pero de acuerdo al reporte escrito que me entregaron por la adopción, no menciona nada de que la madre tuviese enanismo. El reporte también indicaba que desde su primer año no había estado con su mamá biológica, por lo que era imposible que a esa edad pudiera recordarla y recordar el supuesto trato que recibió como para relacionarlo todo conmigo.

Subimos al carro y cuando comenzamos a alejarnos, ella comenzó a llorar. Yo traté de consolarla, pero ella no me lo permitió. Yo sentía que mi corazón se partía en mil pedazos y no sabía qué hacer.

De allí debíamos ir a la oficina del director de la fundación que había aportado para el pago de la adopción, y mi única preocupación era que ellos fueran de alguna manera a poner un alto en el proceso final de la adopción al ver la reacción de Klaudia hacia mí. Entramos a una oficina que tenía un sofá seccional, lo cual fue beneficioso, pues rápidamente y sin planificarlo mi hermana y yo nos sentamos en las esquinas interiores de cada parte del sofá y Klaudia quedó entre medio de nosotras. Por lo que no debía ser muy evidente el que ella no estuviera justo al lado mio. Los presentes hablaban entre sí y yo sentía que estaban juzgando la conducta de Klaudia y hasta la mía. Traté de manejar la situación lo mejor posible mientras estuvimos allí, tiempo que una vez más, para mí fue una eternidad.

Al salir de allí emprendimos nuestro viaje de vuelta a la capital, Bucarest. A mi entender habíamos tomado una ruta diferente a la del trayecto hacia el orfanato, pues esta vez viajábamos a través de las montañas, las cuales tenían paisajes hermosos y estaban cubiertas de nieve. Era la primera vez que mi hermana y yo veíamos nieve, así que, le pregunté a Dan si podíamos parar en algún lugar para tomarnos un par de fotos, a lo que él muy amablemente consintió. No pudimos estar mucho tiempo porque el trayecto que nos faltaba era mucho y también porque Idia y yo no tolerábamos el frío, pero aún así pudimos hacer las fotos e inmediatamente correr a calentarnos en el carro. Para las fotos Idia se colocó primero junto a Klaudia y luego yo me ubiqué cerca de ellas, de esa manera logramos dar la impresión de que a ella no le afectaba mi cercanía. Quien ve las fotos y no conoce lo que sucedía en ese momento jamás sabría que, de no ser así, ella no hubiese aceptado ser fotografiada cerca de mi.

Luego de varias horas de trayecto necesitábamos hacer una parada para ir al baño y le pedimos a Dan que se detuviera en algún lugar cuando pudiera, algún negocio que nos permitieran utilizar el servicio sanitario. No había muchas opciones debido a que aún estábamos entre montañas. Luego de un rato, Dan divisó un pequeño negocio de camino y entró a preguntar si nos permitían utilizar el servicio sanitario. El "baño" se encontraba afuera en la parte trasera del negocio, y cuál fue nuestra sorpresa al encontrarnos con ¡una letrina o retrete de hoyo! Yo debo reconocer que por mi edad, cuando era niña, llegué a ver y a utilizarlas un par de veces en visitas realizadas a otras casas, pero no fue así para mi hermana, quien es menor que yo y no recuerda ese estilo de "baños". Para Klaudia, quien fue la única que lo utilizó, fue algo muy natural. Luego de varios años me contó que ella estaba acostumbrada porque era lo que tenían en el orfanato. Esta sería una de muchas anécdotas que me fue contando una vez aprendió a hablar español.

Era ya de noche cuando llegamos al hotel, Klaudia quedó encantada con la puerta giratoria en la entrada del vestíbulo. Para mí fue un alivio ver que algo le daba felicidad. Subimos a nuestra habitación y lo primero que hice fue entregarle algunos juguetes que le había llevado y la ropa que utilizaría para esos días que estaríamos allí. La niña se veía feliz abriendo los empaques y midiéndose la ropa. Lo único que no le sirvió fueron las botas, por lo que tuvo que utilizar toda la semana las botas que llevaba puestas. Al terminar de probar su ropa le sugerí que se bañara, pero ella no estaba muy convencida, así que para lograrlo le llené la bañera para que jugara un rato. Eso la motivó y sin pensarlo mucho entró al agua y, luego de un rato, casi no logro convencerla de que saliera. Mientras estuvo allí yo aproveché para examinarla visualmente sin que ella se diera cuenta, para asegurarme de que estuviera bien. Que no tuviera alguna marca que fuese indicio de que hubiese sido maltratada físicamente. ¡Gracias a Dios no detecté nada!

Cuando llegó el momento de ir a dormir, ella pedía algo que no entendíamos, pero fue tanta su insistencia que decidí llamar a Dan para que nos ayudara con la traducción. El nos dijo que ella quería hablar con alguien del orfanato, pero como el idioma de Dan era el rumano y no el húngaro, no podía entender todo lo que ella le decía. Klaudia se molestó mucho por no lograr comunicarse con Dan y se fue a la cama a llorar. Evaluamos la situación y dado que no paraba de llorar, decidimos darle la oportunidad e hicimos la llamada al orfanato. Lamentablemente, yo no pude hablar con la persona y fue ella quien logró hablarle, pero quien quiera que haya sido, al parecer no fue muy amable y lo que hizo fue regañarla por haber llamado. Yo escuché al hombre hablarle en un tono de voz alto y ella se quedó sin habla, colgó el teléfono y regresó a la cama llorando y más enojada que antes. Una vez más, yo quería consolarla, pero no me dejaba. Recuerdo muy claramente que se acostó boca arriba y colocó un brazo detrás de la espalda mientras movía todo el cuerpo de lado a lado, a la misma vez colocó su otra mano debajo de su mandíbula mientras hacía cierto movimiento con su garganta; y así se fue quedando dormida. Más adelante aprendería que esa era su manera de dormir, y así fue por varios meses.

Al día siguiente teníamos que tramitar su nuevo pasaporte y luego tuvimos la tarde libre. Le pedí a Dan que nos llevara a algún centro comercial para comprarle unas botas, pero no conseguimos nada debido al tamaño y ancho de pies; ésto siempre ha sido difícil. Al día siguiente no teníamos que realizar ningún trámite por lo que decidimos tomarnos el día para caminar por los alrededores. Al cruzar la calle teníamos el Teatro de Bellas Artes, un edificio hermoso y al frente había una plaza. Disfrutamos un rato del área y luego continuamos caminando para conocer un poco la ciudad. Éramos tres turistas, puesto que para Klaudia también era la primera vez en la capital de su propio país de origen.

Mientras caminábamos nos topamos con una pequeña tienda ubicada en la misma acera, en la que vendían CD's. Cuando Klaudia los vio pudimos notar que le gustaba lo que veía y señalándole le pregunté cuál quería. Para mi sorpresa me pidió uno de Britney Spears. ¡Estaba feliz! Poco a poco me fui enterando de que conocía la música de varios artistas, tales como Enrique Iglesias y Ricky Martin. Cuando tiempo más tarde le expliqué que Ricky era puertorriqueño, ella no lo podía creer. Increíblemente para mí, con el tiempo hemos descubierto que somos muy afines en la música.

Solo nos faltaba una visita a la embajada de Estado Unidos en Rumania para completar los trámites. Ese día fue otro de muchos nervios para mí, puesto que a pesar de mis esfuerzos para ganármela, Klaudia seguía en la misma actitud conmigo. Idia, que siempre ha sido muy creativa, se le ocurrían diferentes maneras para que, sin que la nena se diera cuenta, tuviera contacto físico conmigo y que así perdiera el miedo. En las noches hacíamos varios juegos como las peleas de almohadas, el juego del elefante, etc. Comenzábamos el juego Idia y yo, pero la idea era que fuéramos alternando y que en algún momento durante el mismo juego nos correspondiera el turno a Klaudia y a mí. En lo que respecta a los juegos hicimos un pequeño avance, pero el resto del tiempo continuaba todo igual. Llegamos a la embajada y yo me moría de solo pensar que fueran a cancelar la adopción (cosa que no sabía si podía ocurrir), pero por mi mente solo pasaban pensamientos como ese. Gracias a Dios la entrevista con el representante en la embajada fue bastante rápida y salimos de allí con todos los documentos oficializados.

Luego de una semana intensa llegó el momento de regresar a casa. El vuelo de Rumania a Holanda transcurrió sin inconvenientes. Era la primera vez que Klaudia se montaba en avión y todo era novedoso para ella. Se disfrutó ese primer vuelo antes de la conexión, pero al llegar al aeropuerto de Holanda todo fue un caos. ¡La espera para el próximo vuelo era de seis horas! Se imaginan lo complicado de esperar tanto tiempo junto a una niña que no habla tu idioma y a la que no le puedes explicar que no podíamos tomar el próximo avión porque había que esperar, a pesar de que ella veía muchos aviones a través de los cristales. Ella solo quería seguir volando... Nos sentamos a esperar y Klaudia encontró una caja de chocolates que habíamos comprado. Entre señas entendí que quería comer chocolates y se lo permití, pero todo se complicó, cuando quiso seguir comiendo chocolates sin parar. Al decirle que no podía comer más y quitarle la caja, comenzó a llorar. Llegó la hora de almuerzo y yo no sabía que comprarle de comer, y por más que intentamos comunicarnos con ella era imposible. Buscamos una mesa con sofá en el área de comidas para estar cómodas y decidimos que Idia fuera a comprar la comida, mientras yo esperaba con Klaudia. Fue el peor error; ella comenzó a llorar desconsoladamente y no entraba en razón. No permitía que me le acercara y su llanto era fuerte. Yo lo único que pensaba era que alguien podría creer que la estaba raptando o que le estaba haciendo daño y la seguridad del aeropuerto interviniera. Cuando al fin Idia llegó con el almuerzo, logró calmarla y que comiera un poco. El haber escogido la mesa con sofá fue la mejor decisión, pues allí se quedó dormida de tanto llorar. Cuando Klaudia despertó todavía faltaban varias horas para que abordáramos nuevamente y decidimos caminar por el aeropuerto para distraerla. Encontramos unas máquinas de juegos para niños y eso la entretuvo por un rato, pero lo que más le gustó fue caminar de ida y de vuelta por las correas eléctricas que transportan los pasajeros a través de los pasillos. Cuando nos dimos cuenta que eso le gustaba, pasamos otro rato en las correas.

Por fin abordamos nuevamente con destino a Nueva York y de ahí finalmente llegaríamos a Puerto Rico. El vuelo transcurrió sin mayores contratiempos. Klaudia durmió por varias horas y luego se entretuvo escuchando música con los audífonos. Para mi sorpresa intentaba cantar las canciones de Britney Spears y de Enrique Iglesias. Claro está, no las cantaba correctamente porque no entendía los idiomas, pero por la tonada yo podía identificar qué canciones eran. Para obligar indirectamente a Klaudia a tener algo de cercanía conmigo, la sentamos entre mi hermana y yo. Otra vez mi hermana se puso creativa y comenzamos a jugar "Pico pico", un juego de manos en el que uno de los participantes va pellizcando y eliminando cada uno de los dedos de los otros participantes, mientras se recita una frase. Luego de jugar nosotras, invité a Klaudia a jugar conmigo y accedió contenta porque era algo nuevo para ella. Mientras jugábamos trataba de repetir el verso del juego.

Cuando estábamos llegando a Nueva York comenzó otra odisea, había mucha niebla en el aeropuerto y nos tuvieron una hora dando vueltas en el aire esperando a que la niebla se disipara. Al cabo de esa hora nos anunciaron que volaríamos hasta Boston para esperar a que mejorara el clima y entonces volver a Nueva York. Entre una cosa y otra, cuando llegamos finalmente a NY eran ya las 11 de la noche y perdimos nuestro vuelo a PR, por lo que tuvimos que hacer arreglos para volar en el primer vuelo disponible, que resultó ser a las 6:00 am al día siguiente. Así que decidimos hacer una reservación en un hotel cercano para descansar un par de horas.

Cuando salimos del terminal para tomar un taxi hacia el hotel, yo quise tomar a Klaudia de la mano para cruzar la calle, pero ella, ni corta ni perezosa, se zafó de mi mano y salió corriendo. Yo le grite a Klaudia, Idia me gritó a mí y por misericordia divina, no pasaba ningún carro en ese momento. A este punto, ya los ánimos de todas estaban caldeados y necesitábamos relajarnos. Cuando llegamos al hotel avisamos a nuestra familia de lo ocurrido para que no fueran esa noche al aeropuerto a recibirnos. De inmediato mi mamá se comunicó con mis amigos, quienes habían coordinado una bienvenida para Klaudia. Uno de ellos tenía una mini van y se habían reunido todos los demás en su casa para salir juntos hacia el aeropuerto. El aviso de nuestro atraso les llegó a tiempo para no salir hacia el aeropuerto y decidieron regresar al próximo día para recibirnos.

Finalmente llegamos a Puerto Rico. Mientras esperábamos nuestras maletas, Idia me dijo que, una vez saliéramos del aeropuerto, ella se iría a su casa directamente y sugirió que no nos viéramos en un par de días en lo que Klaudia se adaptaba a mí e internalizara que, de ahí en adelante, estaría solo conmigo y no con ella, con lo que yo estuve de acuerdo. Al salir nos esperaban mis padres, mi cuñado, mi sobrino y mis amigos. Llevaban una pancarta que yo había dejado preparada escrita en rumano que decía: "Bienvenida a casa Klaudia". Al verla me dio gracia, pues Klaudia no entendía lo que decía.

Al acercarnos al grupo de familiares y amigos, Klaudia sin pensarlo dos veces le tomó la mano a mi mamá. Los ojos de mi madre reflejaron todo el amor que solo una abuela puede dar, mezclado con emoción y pena. Del aeropuerto, salimos todos para nuestro apartamento y allí estuvimos compartiendo un rato. Klaudia parecía estar contenta con su cuarto, pero a la vez estaba tímida. Recibió varios regalos más y uno que le gustó mucho fue un peluche grande de Tweety, que le regalaron mis amigos Maribel y Rony. Cuando mis amistades se fueron le pedí a mis padres que se quedaran un rato. Yo necesitaba dormir una siesta para recargar mis energías, pues no sabía que me esperaría el resto del día y la noche con Klaudia, dado su comportamiento conmigo. Descansé un rato y luego mis padres se fueron. Ahora sí, éramos solo ella y yo.

El proceso de adaptación fue lento, pero con paso firme, tanto para Klaudia como para mí. Las primeras semanas fueron de aprendizaje, tanto en el lenguaje, como en la parte emocional. Al siguiente día de su llegada a Puerto Rico, fuimos a visitar a mi familia para que conocieran a la nena. Klaudia se integraba excelentemente bien con todos y de inmediato se ganó el cariño del resto de la familia, inclusive el de mi querida titi Yuya, la hermana mayor de papi. Titi Yuya había sufrido un derrame meses antes que la dejó postrada en cama y no podía hablar. Sin embargo, la conexión que hubo entre ellas dos fue mágica y nunca lo olvidaré.

En cuanto a nuestra relación de madre e hija, todo continuaba más o menos igual. Ella aún no aceptaba mi cercanía, pero sí la de todos los demás. Incluso, si había más personas alrededor y yo le ofrecía comida la rechazaba, pero si otra persona se la ofrecía, la aceptaba. Su conducta y su rechazo me partían el corazón; pero todos me decían que tuviera paciencia. Para ella yo era Brenda y de esa forma me llamaba, a pesar de que yo deseaba con todo mi corazón que me llamara mami, como todos los hijos llaman a sus madres.

Mientras tanto, conseguí una maestra retirada que le daría clases intensivas de español para que lográramos entendernos mejor, y Klaudia comenzó a aprender rápidamente. Su aprendizaje fluyó con tanta rapidez, que ya para el mes de agosto del mismo año comenzó en la escuela. La maestra me hizo una recomendación muy particular. Identificar cada artículo del hogar (muebles, enseres, etc.) por su nombre para ayudar a que ella fuera relacionando palabras y artículos según aprendía a leer y escribir. Cada mueble y objeto tenía pegado un papelito; el apartamento parecía un tablón de anuncios pero valía la pena hacer lo necesario para ayudarla en el proceso de aprendizaje.

De acuerdo a las leyes de Puerto Rico en ese momento, las madres adoptantes tenían el derecho de tomar dos meses por maternidad tal y como lo hacen las mujeres que tienen sus hijos biológicos; este tiempo fue clave para que ambas pudiéramos lograr una mejor integración. Varias semanas después de la llegada de Klaudia y antes de que yo regresara a trabajar, mis compañeros de trabajo se comunicaron conmigo porque habían coordinado un *"Baby Shower"* para ella. Era algo totalmente diferente, pues no era para un bebé por nacer sino que ella, mi hija, estaría presente y recibiría directamente los regalos. Ese día tuve que llevar a mi mamá para que sirviera de enlace entre ella y yo. Las tres llegamos a la cafetería de mi trabajo donde se iba a llevar a cabo la actividad; el área estaba hermosamente decorada y había tantos regalos que yo no lo podía creer. En un principio Klaudia estuvo tímida, pues no entendía lo que sucedía, pero una vez comenzaron a entregarle los regalos y comprendió que todos eran para ella, se fue soltando y disfrutó de la actividad. Mis compañeros se habían desbordado en sus demostraciones de afecto y recibió regalos de todo tipo: juguetes, ropa, decoraciones para el cuarto y hasta un programa de computadora para aprender español. Ese ha sido otro momento que ambas atesoramos con mucho cariño y gratitud.

Según fueron pasando los días, las semanas y los meses, nuestra relación fue mejorando, aunque siempre había sus momentos difíciles. Una noche en la que hubo una tormenta eléctrica y los truenos y relámpagos eran fuertes y constantes, que Klaudia despertó bien asustada y llegó hasta mi habitación, pero yo no lograba calmarla. De pronto comenzó a hacer arqueadas para vomitar y todo su cuerpo temblaba como una hoja. Ella aún estaba aprendiendo el idioma, por lo que algunas cosas eran un poco difícil para explicárselas, así que lo primero que se me ocurrió fue invitarla a ver muñequitos en la televisión para ver si eso la distraía, pero no funcionó. Entonces me vino otra idea, saqué su libro de la clase de Ciencias y busqué el capítulo que explicaba el tópico del clima y utilizando las fotos mostré lo que estaba sucediendo. Eso la ayudó a calmarse un poco, y por último le pedí que rezáramos. Al estar más calmada, ambas nos fuimos a dormir.

Al otro día por la mañana, Klaudia se despertó primero, se levantó y fue directamente al baño. Yo me quedé en la cama observándola y a los pocos minutos escucho su voz llamándome, me dijo: "¡Mamá..."!!! Se imaginarán la combinación de sentimientos que me envolvieron en ese momento, emoción, alegría, orgullo… Yo no sabía cómo reaccionar, quería abrazarla y darle las gracias por esa felicidad tan grande, pero a la misma vez entendí que debía de actuar con la mayor naturalidad, tal y como ella lo estaba haciendo. Esa dulce palabra surgió de manera natural, nadie le dijo qué era lo que debía hacer y eso tenía más valor para mí. Desde esa mañana dejé de ser Brenda para convertirme en Mamá.

Más tarde, reflexionando en qué fue lo que motivó el cambio en ella, llegué a la conclusión de que el enfrentarse al miedo y darse cuenta de que yo era la persona que estaba ahí para ella, la hizo entender que yo siempre estaría a su lado haciendo lo que hacen las madres…

A lo largo de estos 20 años que llevamos juntas, me he enterado por ella misma de varias travesuras o anécdotas de su niñez; como cuando a la hora de comer, si no quería la comida, ella separaba la comida de lado a lado creando un área vacía en el centro del plato para que pareciera que había comido bastante. Ella también recuerda el haber salido en varias ocasiones, con una compañera del orfanato, a través de un apertura en la verja trasera. Ambas paseaban por horas planificando no volver al orfanato, pero al fin y al cabo regresaban como si nada hubiese pasado. Si hubiesen logrado su cometido en aquel momento, su vida y la mía serían diferentes y este capítulo no estaría incluido en este libro.

Una noche, mientras estudiábamos para la clase de Ciencias, le explicaba sobre las partes del cuerpo y el funcionamiento de cada una de ellas. Cuando tocamos el tema de la sangre, ella me dijo que acostumbraba chupar sangre. Al escucharla, lo primero que vino a mi mente fue el Conde Drácula, de quien dice la leyenda era originario de Rumania. Yo, tontamente pensando en que hubiese algo de cierto y relacionándolo con ese personaje, le pedí que me explicara cómo lo hacía. Que alivio sentí cuando ella me explicó que cuando se daba un pinchazo y brotaba una gotita de sangre, ella se llevaba su dedo a la boca; algo que muchos hemos hecho en algún momento de nuestras vidas. Ja, ja, todavía me río de mí misma.

Una anécdota, que aún al pensar en ella me llena de tristeza, fue cuando en otra ocasión me contó sobre su operación para extirparle las amígdalas. Me explicó que la llevaron a la oficina del médico, la agarraron entre varias personas y a sangre fría; sin ningún tipo de anestesia, le hicieron el procedimiento. Yo no lograba creerle, pero a la vez no salía de mi asombro. Le discutí que eso no era posible y le expliqué cuál es el procedimiento previo a una cirugía, pero ella se mantenía firme en que me decía la verdad.

Un tiempo después la llevé por primera vez a ver un Otorrinolaringólogo porque tenía infección de oídos. Una de las preguntas de evaluación que me hizo el doctor fue si la niña había tenido alguna cirugía. En ese momento volví a recordar su historia y se lo comente al médico, esperando que me dijera "te cogió de boba". Para mi sorpresa el doctor contestó sorprendido: "Todavía hacen esa cirugía de esa forma". O sea, ¡era cierto, Klaudia no se lo inventó, ni estaba mintiendo!!! Entonces el médico me explicó que muchos años atrás esa era la forma en que en algunos países practicaban esa cirugía. Aún me entristece pensar en el dolor que debe haber sufrido mi niña…

Al acercarse el primer aniversario de su adopción hice los arreglos para bautizarla y simultáneamente celebrar ambos eventos. Mis amigos, Maribel y Axel, fueron los escogidos como padrinos. Ambos eran conocidos de mucho tiempo y sabía que Klaudia podría contar con ellos como cualquier otro miembro de la familia. El sacerdote que realizó la ceremonia del bautismo me sugirió que, por la edad de la niña, fuera de forma privada y así lo hicimos. Fue un momento muy bonito e íntimo, pues solo estuvimos mis padres, mi hermana y su familia, y los padrinos con sus respectivas parejas. De allí fuimos todos a nuestro apartamento, incluyendo otros invitados, para celebrar el primer año de la nueva vida de Klaudia.

La vida tiene ironías y una de ellas para mí fue el pensar que el adoptar a una niña con enanismo era la mejor decisión, porque le enseñaría de mis experiencias y lograría que ella enfrentara la vida como yo lo había hecho y hasta mejor. Nada más lejos de la verdad.

A Klaudia nunca le explicaron que tenía la condición de enanismo y en su inocencia pensó que en algún momento crecería y llegaría a ser como los demás niños del orfanato. Esa fue la razón por la cual se asustó al verme por primera vez y por la cual no entendía cómo una persona pequeña podría ser su mamá y realizar diferentes actividades como cualquier otra persona adulta. Una vez ella comenzó a aprender el español y pudo comunicarse mejor, me fue explicando cómo se sintió al principio y fue abriendo su corazón conmigo. Con el tiempo nuestra relación continuó fortaleciéndose y logramos establecer un excelente lazo entre madre e hija.

El hecho de que nunca antes nadie le habló sobre su condición fue otra razón para que ella no asimilara y aceptara que sería pequeña. Aunque yo siempre he tratado de ser el mejor ejemplo para ella, e inculcarle que el tamaño no importa y que no debe dejarse influenciar por las miradas y los comentarios de la gente, ha sido difícil para ella. Las personas no se dan cuenta del daño que pueden hacer sin proponérselo y ha sido algo con lo que hemos tenido que lidiar. Cuando yo salgo sola a la calle, generalmente no estoy pendiente de las miradas y los comentarios de la gente; en cambio, ella se da cuenta de todo. Mi naturaleza me ha enseñado a ignorar las cosas negativas y en innumerables ocasiones me hago de la vista larga… Pero cuando se trata de mi hija, todo cambia.

En una ocasión, mientras estábamos de compras buscando ropa para ella, nos separamos por diferentes secciones de la tienda. Al cabo de un rato, Klaudia llegó hasta donde mí furiosa porque unos niños se estaban riendo de ella. Mi primera reacción fue que tratara de ignorarlos, pero ellos la siguieron y continuaron riéndose. Cuando yo los vi, mi corazón de madre no podía permitir que la hicieran sufrir y les llamé la atención. De mí pueden decir lo que quieran, pero de mi hija no. Los niños se asustaron al ver mi reacción y los amenacé con buscar a sus respectivas madres para decirles lo que estaban haciendo; de inmediato, los niños desaparecieron del área.

Mis vivencias durante los abortos de mis dos embarazos y de todo el proceso de adopción, me han enseñado que la maternidad es más agradecida cuando no se da por sentado y cuando hay que luchar para lograrlo. Lo que intento explicar es que la mayoría de las mujeres dan por hecho que, llegado el momento y si así ellas lo desean, tendrán hijos; por lo que ven ésto como un proceso normal en el ciclo de vida femenino. Sin embargo, cuando algunas otras mujeres lo deseamos y sabemos que por alguna razón esa posibilidad es algo poco probable o improbable, nuestro deseo se convierte en una meta por la que entregamos el alma para alcanzarlo. Ahora miro hacia atrás y puedo decir con alegría que valieron la pena los sacrificios y los sufrimientos para lograr convertirme en mamá.

En una ocasión mientras le contaba a Klaudia mi experiencia durante los embarazos, ella me preguntó si todavía sentía pena por las pérdidas de mis embarazos. Mi contestación fue que aún me da mucha pena, pero si alguno de los embarazos se hubiese logrado, entonces quizás no la hubiera adoptado a ella y me hubiera perdido la gran felicidad de tenerla en mi vida.

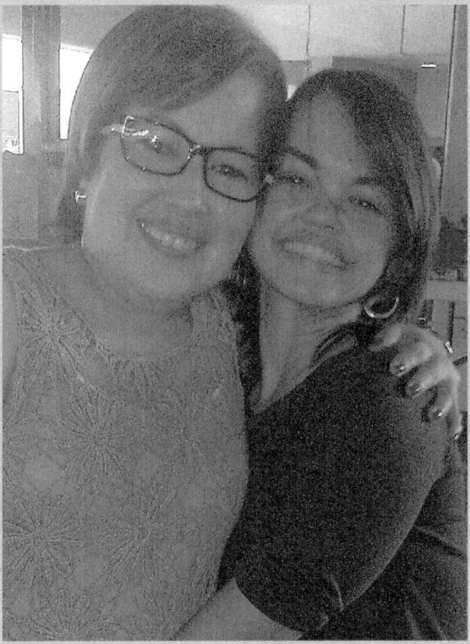

Paciencia

Reflexión:
Una cualidad que no todos tenemos, pero que se puede desarrollar, si nos damos la oportunidad y trabajamos para lograrlo. En ocasiones, situaciones en nuestro entorno, nos llevan por caminos que no entendemos, pero eventualmente nos damos cuenta de que era el aprendizaje que necesitábamos para desarrollar esta cualidad. No siempre todo depende de nosotros también dependemos de otras personas u otras situaciones y no debemos desesperar, porque en algún momento, quizás cuando menos lo esperamos, lo que tanto deseamos se hace realidad.

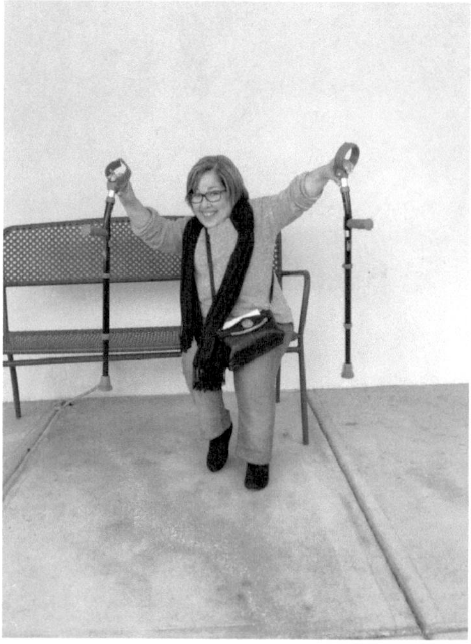

CAPITULO 10

SALUD EN MI DISPLASIA

La "perfección" no garantiza la felicidad, en cambio, la aceptación te enseña a amar la vida tal y como es.

He sido afortunada, si me comparo con otras personas que tienen mi condición, puesto que al nacer no presenté complicaciones asociadas al tipo de enanismo, como pueden ser: la inestabilidad de la columna cervical, paladar hendido, problemas de audición y desprendimiento de retina. Sí, desarrollé otro tipo de complicaciones como lo es la coxa vara (una deformidad de las caderas), pero de eso les cuento más adelante. Pero, como ya les había mencionado, desde que nací, mis padres buscaron orientación médica para entender y atender, de la manera que fuera necesaria, cualquier situación médica en lo que a mi estatura se refería. Cuando tenía 12 años acompañé a mi mamá a una cita médica y la doctora al verme se interesó en mi caso y le ofreció a mi mamá que un un grupo de médicos me evaluaran para hacerme algunas pruebas y determinar la razón de mi enanismo, e identificar si había algún tipo de tratamiento.

Estuve hospitalizada por una semana en la que tristemente solo fui un "conejillo de indias", pues al final no encontraron nada concluyente; pero algo sumamente positivo de esta experiencia fue que mis padres me hicieron partícipe de la decisión. No solo me permitieron decidir si quería someterme a los exámenes, sino que llegado el momento de la cita en la que nos debían decir los resultados me hicieron la pregunta más importante de mi vida. ¿Quería yo someterme a algún tratamiento que me ayudara a crecer, de ser posible? No tuve que pensarlo, mi contestación fue en la negativa. Nunca me he sentido mal como para desear haber nacido en otro cuerpo o querer tener una estatura promedio. Sí, he pasado situaciones que quizás hayan sido un poco tristes, pero a todos nos pasa, ¿o no? Siempre he estado agradecida de mis padres por haberme permitido participar de aquella decisión.

Si bien los padres son los que determinan lo que es mejor para sus hijos, se le debe dar al niño la oportunidad de exponer lo que quiere o siente, si tiene una edad razonable para opinar. Al fin y al cabo, es su situación y su cuerpo. He visto casos en los que, a mi entender, los padres están abrumados pensando que el futuro de sus hijos no va a ser el mejor porque serán pequeños en estatura, y quisieran resolver el "problema" antes de que el niño sufra. Si profundizamos en ese particular, veremos que la realidad es que el tener un hijo que haya nacido sin alguna condición física, no significa que tendrá una vida perfecta. Todos los seres humanos estamos expuestos a situaciones en las que podemos enfrentarnos a experiencias que nos lleven a otros problemas por lo cual no seamos completamente felices. Nadie tiene garantía de vivir feliz toda la vida. Como madre que soy, sé que solo queremos lo mejor para nuestros hijos, pero lo mejor no siempre es lo que nosotros queremos. Quizás haya casos en el que los niños hayan recibido tratamiento para el crecimiento porque los padres entendieron que era lo mejor, pero una vez ese niño sea capaz de evaluar la situación por sí mismo, puede haber preferido el no haber sido sometido al tratamiento. En mi opinión, los padres serían de mayor apoyo, si antes de tomar una decisión tan importante, buscaran ayuda profesional para determinar si el problema lo ven ellos desde afuera porque no son los que tienen la condición.

En la actualidad varias compañías farmacéuticas están desarrollando tratamientos específicamente para niños con Acondroplasia, el cual es el tipo de enanismo más común (70% de los casos). Estos tratamientos son administrados con el propósito de aumentar el crecimiento de las extremidades de las personas con Acondroplasia de tal manera que según los huesos crezcan, se espera que haya una disminución en las complicaciones de la condición. La responsabilidad de evaluar y decidir este tipo de tratamiento recae absolutamente en los padres, ya que el mismo se debe comenzar en los primeros años de desarrollo del niño, por lo que éstos no tienen la capacidad de evaluar lo que quieren para sus cuerpos, sus vidas y su futuro. Al presente, no se ha logrado cambiar o modificar el gen que causa la condición, el cual es uno dominante; por lo que en el futuro, el paciente podría transmitir la condición a sus futuros hijos. Con la decisión de someter al niño a ese tipo de tratamiento, los padres contribuyen al cambio físico del niño, pero quizás se olvidan de que en el futuro sus nietos puedan heredar el gen y nacer también con la misma condición. Entonces, cómo se sentirán como abuelos habiendo tomado una decisión en la que cambiaron la vida de sus hijos, pero no así la de sus nietos?

Otra información que los padres siempre deben solicitar y evaluar detalladamente son los efectos secundarios, si alguno, del tratamiento. Personalmente, como madre, no podría vivir sintiéndome culpable de haber escogido un tratamiento que, como resultado, pueda traer otros problemas médicos y que sean peores para el niño, que el tener una estatura por debajo del promedio.

Aunque respeto la decisión de las personas que optan por someterse a estos tratamientos, no estoy de acuerdo con ellos. Pienso firmemente que todos los seres humanos debemos aceptar cómo vinimos al mundo y apreciar la vida tal y como la recibimos. Creo firmemente que los esfuerzos de todos los seres humanos deberían estar dirigidos hacia la educación de aprender a respetar y aceptar al prójimo como es. En la medida que el mundo se eduque, la vida de las personas con alguna condición física será mejor porque no enfrentará las miradas, las risas y los comentarios que tanto incomodan. Y esto no solo reforzaría positivamente a personas con condiciones físicas sino que promovería una catarsis emocional que tanto necesita el mundo actual.

Otro grupo médico que por varios años me estuvo evaluando fueron los *"Shriners"*. Esta es una organización sin fines de lucro, que ofrece servicios médicos a niños con ciertas condiciones médicas. En mi caso era atendida por el grupo de ortopedas. En su mayoría estos médicos eran de los Estados Unidos, sus servicios son totalmente libre de costo y los tratamientos son ofrecidos en varias instituciones hospitalarias que tienen en varios estados. Mi familia asistía a las clínicas que ofrecían dos veces al año en nuestra isla, Puerto Rico, y en la que evaluaban durante dos días a cientos de niños. Para mi hermana Idia y para mi eran días de alegría, pues, aunque era un tanto pesado estar muchas horas esperando para ser atendida, también lo disfrutábamos, pues el personal a cargo proveía la diversión necesaria para que todos los niños, tanto pacientes como familiares, nos divirtiéramos con payasos, globos y algunas golosinas. Aparte de eso, el trato que recibíamos de todos los que de alguna manera intervenían con los pacientes era algo bien especial.

Rememoro mis 15 años, cuando uno de los doctores del grupo Shriners entendió que había llegado el momento de realizarme una cirugía para corregir un problema en mi cadera. El protocolo de estos doctores era poco convencional, pues los niños más grandecitos podían viajar sin los padres y lo único que debías llevar contigo era tu cepillo de dientes, porque todo lo demás ellos lo proveían. Así que mis padres nuevamente consultaron conmigo, y decidimos que inicialmente yo viajaría sola y, cuando ya tuviera fecha para la cirugía, mi papá viajaría para estar conmigo. Yo lo veía como una aventura. ¡Viajaría sola!

Los primeros días me hicieron radiografías y varios estudios, pero los doctores no se ponían de acuerdo si realmente necesitaba la cirugía en ese momento o no. Mientras pasaban los días yo disfrutaba de mi estadía en el hospital en Springfield, Massachusetts. La facilidad contaba con dos salas enormes en las que estaban las camas, una para niñas y otra para los niños y en cada sala dividían a los más pequeños en edad de los que ya éramos más grandecitos. El trato del personal era de excelencia y nos mantenían ocupados todo el día. A los niños en edad escolar nos agrupaban por grado y nos daban clases de algunas materias para que nos mantuviéramos al día en la parte académica; mientras que en el tiempo libre podíamos visitar una sala de juegos, ver televisión o sencillamente compartir con los amigos. En los fines de semana realizaban diversas actividades, entre las cuales nos llevaban payasos y marionetas. En fin, que no parecía que estuviera en un hospital, excepto al ver a los otros niños que ya habían sido operados y estaban recuperándose con terapias y utilizando equipos médicos. Muchas veces me he preguntado qué será de los jóvenes que conocí allí, pues luego de regresar a PR perdí el contacto con ellos.

Mis padres y yo habíamos acordado que ellos me llamarían todos los lunes en las tardes a la misma hora. Un día recibí la esperada llamada, pero en esa ocasión el tema para hablar sería diferente. El domingo anterior mi familia había tenido un accidente de tránsito en el que sufrieron varios golpes y fracturas, pero afortunadamente estaban todos con vida. El poder hablar con ellos directamente me dio tranquilidad. En pocos días recibí fotos y pude constatar visualmente lo que me habían dicho. A la vez que me explicaron lo sucedido, mis padres hablaron con los médicos y estos decidieron enviarme a mi casa para que pasara un tiempo con ellos y luego regresaría para la cirugía. Luego de eso, en las citas subsiguientes, los médicos me indicaron que no sería necesario operarme.

Al transcurrir el tiempo, ya con 27 años de edad, asistí a una de las conferencias anuales de Little People of America. En estas conferencias participan médicos de diferentes especialidades, los cuales realizan clínicas gratuitas para los asistentes. Hasta ese momento de mi vida, no tenía idea de la razón o la causa de mi estatura, por lo que mi objetivo principal al asistir a la conferencia era ser evaluada por estos médicos expertos en la materia. Brevemente les expliqué mi historial y, para mi sorpresa, no habían pasado ni cinco minutos cuando ellos me dijeron que mi tipo de enanismo era una Displasia Espondiloepifisaria Congénita. Es tanta la experiencia de estos especialistas, que con solo verme me pudieron decir. Me solicitaron que me hiciera varias radiografías para confirmarlo y, sin lugar a dudas, lo que revelaron las mismas coincidió con lo que me habían dicho inicialmente. Este tipo de enanismo, como en la gran mayoría de los casos, se debe a una mutación en los genes que codifican las proteínas colágenas. Esto produce cambios en la síntesis de colágeno tipo II, generando una alteración de la función de esta proteína en los cartílagos de crecimiento, las articulaciones y los discos de las vértebras.

Estoy eternamente agradecida de este equipo médico por finalmente proveerme el eslabón que faltaba en mi vida. Después de 27 años, al fin alguien pudo contestarme qué y por qué. El conocer esta información me permitió aprender sobre otras posibles complicaciones asociadas al tipo de enanismo y a prepararme para identificar cualquier cambio físico y buscar atención específica para resolverlo. Dentro de mi tipo de enanismo, SED (por sus siglas en inglés), se pueden dar una serie de condiciones como lo son el paladar hendido, pérdida de audición, problemas visuales, deformidad del pie y problemas con la columna vertebral.

Algo que me tocó experimentar, antes de aprender sobre el tema, fue lo complicado que puede resultar una anestesia para las personas que tenemos alguna displasia ósea. Cuando me sometí a la cirugía de esterilización no tenía conocimiento sobre los riesgos de la anestesia; lo aprendería años más tarde. Al visitar al doctor para la evaluación postcirugía, este me explicó que durante el proceso quirúrgico, no me estaba llegando suficiente oxígeno a los pulmones y esto provocó que les diera trabajo para terminar el procedimiento sin mayores contratiempos. Uno de los técnicos en la sala tuvo que sostener mi cabeza de cierta forma para que me llegara la oxigenación necesaria a través del tubo que habían colocado con ese propósito. Desde el momento en que aprendí sobre estos riesgos, siempre le informo al médico y le dejo saber mi inquietud. En varias ocasiones he notado que hay algunos médicos que no les gusta que el paciente les hable sobre el tema y les comparta información impresa, pero no me dejo intimidar, pues es mi vida y la de mi hija la que puede estar en riesgo. Yo no me perdonaría el que a mi hija le pase algo por haberme quedado callada.

Otra condición que acompaña a algunos tipos de enanismos es la artritis y en mi caso, ésta empezó a manifestarse a los 38 años. Desarrollé la artritis reumatoidea y también osteoartritis y desde esa edad, he estado en tratamiento para retrasar los efectos de la enfermedad. He utilizado varios medicamentos, algunos han funcionado y otros no. Con algunos de los medicamentos he llegado al máximo posible de su utilización, por lo cual me los han tenido que eliminar. No sé qué me espera en el futuro, solo le pido a Dios que los tratamientos continúen siendo efectivos para disfrutar de las cosas que me gusta hacer.

Otra de las condiciones que podemos desarrollar las personas con SED (por sus siglas en inglés) se llama Coxa Vara que no es otra cosa que una deformidad de la cadera en la que existe una menor amplitud en el ángulo que se forma entre el cuello del fémur y la diáfisis de este hueso. Aunque la situación en mi cadera estuvo siempre presente, con el paso de los años fue que comenzaron a manifestarse las molestias. Poco a poco el dolor fue avanzando y con él la dificultad para caminar. Llegó el momento en que mis médicos me recomendaron el uso de un andador para ayudarme a moverme con menos problema.

Debo confesar que cuando me lo dijeron mi primer pensamiento fue de negación. No podía imaginarme utilizando un equipo médico. Desde muy jovencita he sido un tanto presumida y me gusta utilizar ropa y accesorios de moda (siempre y cuando me vea bien), y el añadir un andador a mi rutina diaria era algo que yo sentía no iba con mi "estilo"..., pero el dolor y las molestias ganaron la batalla y tomé la decisión de darme la oportunidad.

El día en que me entregaron el andador cambió mi vida, porque de inmediato sentí la diferencia entre caminar por mí misma y caminar con él. Podía caminar con menos dificultad, el dolor tardaba más en atacar y podía recorrer mayores distancias. ¿¿¿Por qué no lo hice antes??? El andador se convirtió en mi amigo inseparable y me dio varios años más de cierta estabilidad, pero el tiempo siguió pasando y poco a poco el andador no me ayudaba como antes.

Para nosotros, las personas con enanismo, es sumamente importante atendernos con médicos especialistas que tengan experiencia en nuestras condiciones. Estos especialistas deben tener conocimiento de una anatomía que, aunque a simple vista parece sólo ser más pequeña, la realidad es que internamente existen diferencias que son importantes conocer para evaluar y manejar de la forma apropiada. Aún no olvido que siendo ya una joven adulta fui al médico para tratarme una infección por sinusitis. La dosis del medicamento que me recetó fue la misma que le recetan a una persona con una estatura y peso promedio, por lo que en mi caso la dosis casi me lleva al hospital. Desde ese momento, aprendí a preguntar a todos mis médicos, en el momento de recetar un medicamento, si el mismo y la dosis recetada es apropiada para mi peso y estatura. En ocasiones observo que no les gusta que el paciente cuestione sobre lo que están recetando, pero habiendo pasado por tan mala experiencia, para mí es importante estar segura de que todo estará bien.

Al llegar el momento de tomar la decisión de hacerme un reemplazo de cadera, me di a la tarea de encontrar un médico con la experiencia necesaria. En Puerto Rico no hay una gran población de personas con enanismo, por lo que tampoco hay muchos médicos con experiencia en esta rama de la medicina, ya que la anatomía ósea de las personas con enanismo es diferente al resto de las personas. Ya que había tomado esta gran decisión, quería sentirme tranquila desde el punto de vista médico en cuanto al conocimiento y experiencia en casos como el mio. No necesitaba la preocupación adicional de no estar segura de que el médico estuviera intentando algo por primera vez conmigo y, como consecuencia, no resultara bien. Gracias a Dios que también contaba con un seguro médico completo, por lo que pude buscar diferentes alternativas hasta que encontré un médico en el Hospital Sinaí de Baltimore, Maryland. Mi cadera más afectada radiológicamente, me molestaba menos que la otra, cosa que suele suceder cuando una parte del cuerpo trata de compensar lo que falta de la otra. Así que debía operarme ambas caderas. El médico me orientó sobre las dos posibilidades que tenía: hacerme el reemplazo de una cadera primero y luego del proceso de recuperación hacerme la otra u optar por hacerme ambas caderas a la vez. Al decidir la ruta a tomar, consideré entre varios factores, la posibilidad de cogerle miedo a la primera cirugía, si esta resultaba muy fuerte. También evalué los tiempos de recuperación y el tiempo de ausencia al trabajo si me sometía a las cirugías de manera individual. Por último, el costo, puesto que tendría que viajar dos veces si se hacían por separado. Para mí estaba claro, y la decisión fue fácil de tomar: opté por hacerme las dos cirugías de una vez.

Mi amiga y hermana de vida Maribel, me acompañó para ayudarme durante la semana que estuve en el hospital. Siempre le estaré agradecida por su apoyo en este y otros momentos de mi vida. Llegamos a Baltimore un domingo y fuimos directo al hospital para hacerme unos laboratorios;

el lunes en la mañana regresamos al hospital para la primera cirugía. Algunas personas que habían pasado por el mismo procedimiento, me habían comentado que, una vez saliera de la sala de operaciones, sentiría la diferencia porque el dolor ya no estaría presente. Estaban en lo cierto. Al salir de sala sentía dolor en el área de la cirugía, pero el dolor que sentía constantemente en mi cadera había desaparecido. Al siguiente día, martes en la mañana, llegaron las enfermeras y los terapistas para levantarme de la cama y ponerme a caminar. Sentí un poco de miedo, pero me había propuesto poner de mi parte para que todo resultara exitosamente. Esa primera vez al ponerme de pie, sentí como si el piso en el lado derecho no existiera, pero no me detuve y di mis primeros pasos.

El miércoles en la mañana regresé nuevamente a sala de operaciones para que me hicieran el segundo reemplazo; y el jueves nuevamente, me pusieron en pie para comenzar a caminar. Esta vez el temor fue mayor, pero no dejé que me venciera. Al cabo de una semana pude regresar a casa con las debidas precauciones e instrucciones. Por varias semanas utilicé un andador que solo tenía dos ruedas, a diferencia del que había utilizado antes, que tenía 4 ruedas. La diferencia estriba en la rapidez con que se desplaza cada uno, permitiendo que la persona tenga menor o mayor rapidez. Luego de varias semanas, según fui mejorando, pasé del andador a usar abrazaderas.

El viaje de regreso del hospital a Puerto Rico fue todo un tanto complicado ya que tenía unas medias hidráulicas que debían estar conectadas a una máquina que operaba con batería. Además, previniendo que no podría caminar en el avión si necesitaba ir al baño, a Maribel se le ocurrió la idea de que me pusiera un panal de adultos, el que me quedaba grande, pero haría su función, y eso era lo importante. Al llegar al aeropuerto de Baltimore, solicitamos el servicio de silla de ruedas, pero cuando llegamos al área de cotejo de seguridad, los empleados no sabían como manejar mi caso. Les explicamos que acababa de pasar por una cirugía de reemplazo de caderas, razón por la que yo estaba en la silla de ruedas. No podía pasar por el detector de metales con la silla y tampoco podía pasar por la máquina de rayos X en la que las personas deben pararse con los brazos alzados y las piernas abiertas. Comenzaron a cuestionarse y consultarse el caso entre unos y otros. Pasaron varios minutos antes de que decidieran dejarme pasar sin el cotejo de metales, pero debían hacerme un cotejo manual palpando mi cuerpo completo. En ese momento no tenían una fémina disponible en el área para realizar el cotejo manual, por lo que tuvimos que esperar otro rato. Cuando al fin llegó la persona, esta parecía no saber lo que tenía que hacer, se veía insegura, hizo miles de preguntas antes de comenzar y para colmo no era muy amable. La persona comenzó el cotejo por mi cabeza y fue bajando por cada área de mi cuerpo hasta llegar a la parte baja de mi abdomen y al encontrarse con el volumen que causaba el pañal, otra vez el titubeo. Le expliqué como pude porque ya a ese punto, mi inglés no fluía muy bien, tanto por la frustración, como por el coraje de que no supieran manejar la situación. ¿Acaso era yo la primera pasajera viajando en esas circunstancias? Finalmente, aparte del pañal, no encontraron nada sospechoso en mi y pudimos continuar hacia el área de salida.

Cuando llegó el momento de abordar el avión, la historia fue muy diferente. Dado que no podía caminar bien y que la silla de ruedas no cabía por el pasillo del avión, enviaron a un empleado de la línea aérea para que me llevara hasta adentro. Era un señor mayor sumamente gentil y mejor aún, hablaba español, así que podríamos comunicarnos más fácilmente. Al llegar a la puerta del avión me explico que tendría que cargarme para llevarme hasta mi asiento. Me dio temor pensar que me fuera a lastimar, pero lo hizo con la mayor delicadeza posible. Nos ubicaron en la primera fila del avión, algo por lo que no pagamos, imagino que fue por la situación tan difícil que hubiese sido tener que sentarme en cualquier otro asiento. Gracias a Dios pasé la mayor parte del vuelo bastante bien y justo cuando aterrizamos la batería de las medias hidráulicas quedó sin carga, por lo que debíamos avanzar a llegar a casa para volver a recargar el equipo.

Las primeras semanas después de la cirugía tenía que dormir boca arriba y era difícil levantarme de la cama. Lograba dormir aproximadamente hasta las 4:00 de la mañana en la cama, hasta que el cuerpo ya no aguantaba más el estar en la misma posición. A través de mi amiga, Maribel, conseguí que una persona de su familia me prestara un sillón reclinable. El plan original era utilizarlo durante el día para que estuviera más cómoda que en una sofá o silla regular y a la misma vez se me haría más fácil ponerme de pie. Una madrugada en la que necesitaba cambiar la posición para poder dormir, me fui a la habitación donde estaba el reclinable y allí me acomodé y logré dormir el resto de la mañana cómodamente. Esa rutina se convirtió en la usual por varios meses. En las noches me acostaba en mi cama, pero en las mañanas me despertaba en el sillón reclinable. Guardo un lindo recuerdo de esa época en la que era Navidad y, sentada en el sillón a través de la ventana, admiraba los amaneceres y a lo lejos escuchaba canciones de las cantatas de Navidad que realizaban en una iglesia cercana.

La recuperación fue lenta, pero podía sentir cómo iba progresando cada día y al cabo de un mes me permitieron volver a conducir, primero distancias cortas y más adelante me dieron el visto bueno para conducir de acuerdo a mi rutina normal.

Durante el tiempo de recuperación, sufrí dos caídas que me preocuparon mucho. La primera fue en mi casa. Una noche, mientras intentaba sentarme en el sofá, me pareció haber visto una salamandra en el cojín y, como les tengo fobia, salté del susto e inconscientemente traté de moverme rápido consiguiendo caer sentada en el piso. Gracias a Dios no sentí dolor, ni que me hubiera lastimado la cirugía, pero lloré mucho por la preocupación. En otra ocasión, luego de que ya el doctor me había dado permiso de comenzar a salir y guiar, fuimos al cine. El carro estaba en el estacionamiento para personas con discapacidad, justo al lado de la acera. En ese momento todavía estaba usando abrazaderas para caminar y cuando intenté bajar mi primer pie de la acera a la calle, sentí la misma sensación de que no había nada debajo de mi pie y otra vez caí sentada. Mi hija y unas personas que pasaban cerca rápidamente me levantaron y, aunque tuve suerte nuevamente de no sentir nada, volví a llorar por la preocupación.

Por fin, luego de tres meses, me dieron de alta total y pude regresar a mi vida normal. Tuve varios años en los que me sentí bastante bien y digo bastante porque la pierna izquierda no respondió igual que la derecha. Después de las cirugías, la fuerza en esa pierna no fue la misma y la rodilla me ha molestado al punto de que me han tenido que inyectar varias veces. Con el pasar de los años, el dolor en la cadera izquierda ha regresado y recientemente un médico me confirmó que el hueso no calcificó como debía y el reemplazo no está del todo pegado al hueso. Por lo que eventualmente tendré que someterme otra vez a otra cirugía para corregirlo.

Cuando me preguntan si quiero hacerme otra cirugía, contesto que en la medida que pueda eliminar un dolor, aunque sea por un tiempo, haré lo que sea necesario. Desde joven recuerdo haber sentido dolores en mis huesos, pero continuaba haciendo mi vida como si nada; mi cuerpo se acostumbró a tener algún tipo de dolor diario en diferentes partes, unos más intensos que otros. Pero eso no es calidad de vida, por lo que si puedo mejorar uno de esos dolores aunque sea por un tiempo, será un alivio para mí y valdrá la pena.

Autoestima

Reflexión:
En ocasiones la salud puede estar relacionada al aspecto físico de una persona y una condición en particular puede acarrear otras condiciones médicas que, pueden ser desde leves a severas y algunas más visibles que otras. No importa cual sea el caso, lo más importante es aceptarnos, querernos y respetarnos a nosotros mismos. Aprender todo lo relacionado a tu condición o situación te dará, no solo herramientas para trabajar con tu salud, sino que te ayudará a encontrar ese nivel de aceptación que necesitas para ser feliz. Todo esto será de gran ayuda para lograr una buena autoestima.

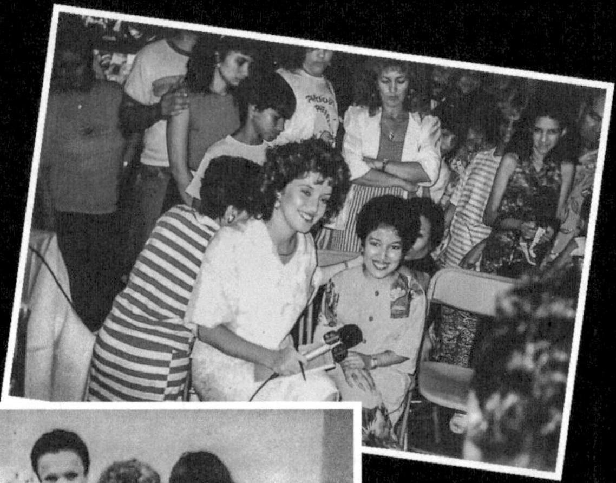
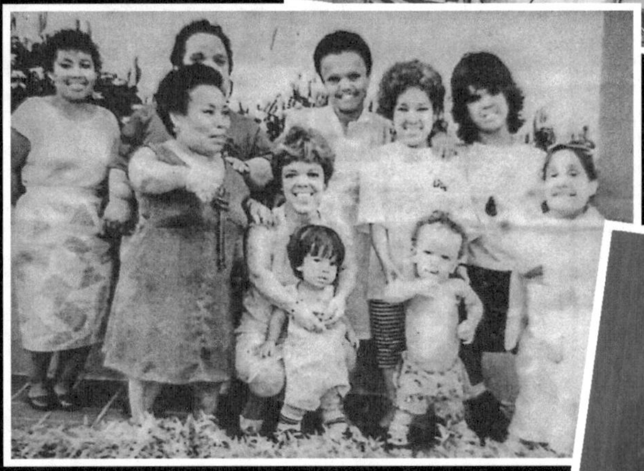
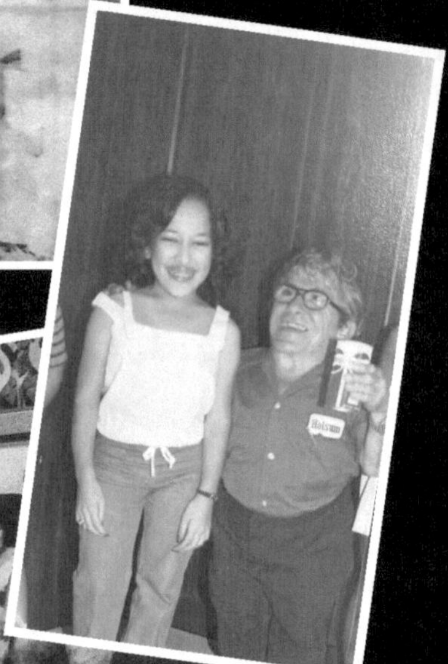
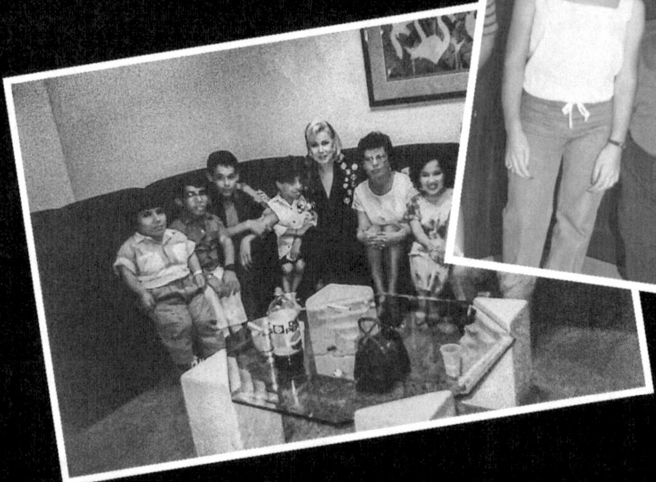

CAPITULO 11

NO ESTOY SOLA

Encontrar otras personas con las que compartes una misma condición médica, te sirve de apoyo. Aprendes a ver diferentes perspectivas dentro de una misma situación y te despierta a la realidad de entender que no estás solo.

En 1985 supe sobre Little People of America, una organización sin fines de lucro, cuya misión es ofrecer apoyo a personas con enanismo y su familia inmediata. "Estamos dedicados a mejorar la calidad de vida de nuestros miembros, brindamos soluciones y conciencia global a los problemas importantes que nos afectan", establece su misión.

Un compañero de trabajo encontró un pequeño reportaje en un periódico en el que se mencionaba la organización y me lo trajo. De inmediato me interesó y comenzó lo que sería una aventura en la que entraría y permanecería hasta el presente.

En aquellos años, no teníamos la tecnología que existe hoy en día, por lo que investigar sobre la organización no fue fácil. Mi primera opción fue una guía telefónica para buscar algún teléfono al que pudiera llamar y orientarme. Una vez logré un poco de información, establecí comunicación por correo postal, por lo que todo fluía lentamente. Al cabo de varios meses recibí información sobre la conferencia nacional anual, la cual, por primera y única vez (hasta ahora), se celebraría fuera de Estados Unidos. El lugar seleccionado fue Puerto Vallarta, México.

Hice los arreglos y asistí a la conferencia con una amiga. ¡Fue una experiencia única! El primer día me sucedió lo que muchos de nosotros con estatura pequeña experimentamos la primera vez que nos encontramos con tantas personas de igual estatura. Es una sensación extraña porque no estamos acostumbrados a hablar y mirar directo a los ojos a otra persona, pero rápido me acostumbré y me encantó conocer a otras personas iguales a mí. De esa conferencia aún conservo amistades a las que aprecio mucho, como lo son Margarita y su esposo Heladio, quienes han sido grandes líderes y pilares en México dentro de la comunidad de talla baja, José Luis, también de México, y Carmelina, de El Salvador. Pasarían muchos años antes de volver a reencontrarme con ellos, pues no siempre coincidimos en las conferencias, pero ahora gracias a las redes sociales mantenemos comunicación.

Las conferencias de LPA tienen una duración de una semana, pero en esa ocasión por motivos de trabajo, solo pude estar varios días, los cuales disfruté muchísimo. Lo cierto es que el evento me llenó con el entusiasmo necesario para regresar a mi isla y comenzar a contactar a algunas personas de pequeña estatura que ya conocía, y de este modo establecer el primer capítulo de LPA en Puerto Rico. El inicio de nuestro capítulo estuvo constituido por Luz María, Grace, Edna, Ivette, Phillip y yo. Luego, fuimos invitando a otras personas que íbamos conociendo y el grupo siguió creciendo. Nuestros miembros consistían de infantes, jóvenes, adultos y hasta personas de mayor edad. Esto fue algo que con el pasar de los años nunca cambió; nuestra membresía siempre fue bien variada. Nos reuníamos periódicamente y hacíamos reuniones para organizarnos y para confraternizar.

Siempre que me encontraba alguna persona de baja estatura le hacía el acercamiento para invitarla a ingresar a nuestro capítulo. En ocasiones tuve suerte y las personas se interesaban; en otras ocasiones las personas rechazaban la invitación. Pero, sin duda, una experiencia que no olvidaré fue la de una joven que encontré en un centro comercial. Me acerqué a ella y, luego de presentarme, le hablé sobre la organización y la invité a participar de nuestra próxima reunión. Para mi sorpresa, su contestación fue que ella tenía una invitación mejor que hacerme. Lo primero que vino a mi mente fue que quizás existía otra organización para personas pequeñas que yo desconocía. Pero resultó que me invitaba a su iglesia. Me sentí muy mal, no porque yo sea una apóstata, sino porque sentí que mi invitación había sido recibida como si yo la hubiera estado invitando a pecar.

En muchas otras ocasiones me ha pasado que, al encontrarme con personas con enanismo, no permiten siquiera que me acerque. Apenas me ven, dan la vuelta y se van por otro lado, esquivándome por completo. A esto yo le llamo el efecto espejo. Cuando una persona no se ha aceptado tal y como es, se le hace difícil verse de frente a otra persona igual. Por lo que la mejor manera de evitar ese enfrentamiento es huir de la situación. Yo respeto la decisión de esas personas, pero no estoy de acuerdo con ellas; porque el no enfrentar la realidad, no cambia quién eres o cómo eres.

Como parte del plan de trabajo para promover nuestro capítulo e integrar a más miembros, logramos realizar eventos y entrevistas en los medios de comunicación. Nuestro primer gran evento de promoción lo realizamos en el centro comercial más importante de Puerto Rico: Plaza Las Américas. Allí establecimos un puesto de información durante un fin de semana. Algunos medios de comunicación llegaron para cubrir la noticia y esto ayudó para que nuevos miembros se enteraran y se unieran. Casi 30 años después, en el 2014, repetimos este evento en el mismo centro comercial y también nos trajo muy buenos amigos.

A través de los años pudimos realizar diferentes entrevistas, en las cuales nuestro propósito fue transmitir un mensaje educativo a la ciudadanía para que puedan entender un poco sobre la condición del enanismo y cómo pueden aportar de su granito de arena para erradicar la burla hacia nosotros. Algunos de los programas en los que varios de nuestros miembros participaron fueron: Ahora Podemos Hablar con Carmen Jovet, Ojeda sin Límite con Luis F. Ojeda, El Show de Cristina con Cristina Saralegui, Al Grano con Pedro Zervigón y Cara a Cara con María Laria.

Otros medios de comunicación también nos dieron su apoyo durante muchos años: Telemundo, Noticentro, WIPR, El Nuevo Dia, Primera Hora, El Vocero y muchos otros. En el año 2013, la periodista del periodico Primera Hora, Barbara J. Figueroa y las fotógrafas Vanessa Serra y Teresa Canino, realizaron una serie de reportajes, los cuales incluyeron la asistencia a la convención anual de LPA que en ese año se realizó en Washington, D.C., presentando así nuestras vivencias durante esa semana. Siempre agradeceré infinitamente a todos los que de alguna forma u otra, nos han ayudado a difundir tan importante información sobre la concientización del enanismo.

Cuando comenzamos el capítulo de LPA en Puerto Rico, fui electa presidenta del mismo y ocupé el cargo por varios términos. El pertenecer a esta gran organización me ha dado muchas gratificaciones y he aprendido mucho. Una de las cosas que más valoro es el haberme capacitado para hacer valer los derechos, no solo de las personas con enanismo, sino de personas con otras discapacidades.

Hay personas que pueden pensar que las personas de pequeña estatura no tenemos una discapacidad, porque solo somos pequeños. Entonces, este sería el caso de la persona que está en silla de ruedas quien tampoco tiene una discapacidad porque, solamente no camina; o el sordo tampoco la tiene, solo porque no oye, y lo mismo sucedería con otras condiciones. Aún entre nosotros existen personas que no se consideran a sí mismas como discapacitadas. A pesar de que respeto su pensamiento, he aprendido que no hay nada de malo en aceptar la realidad de tener una discapacidad. La ley ADA, Reglamentos y materiales de asistencia técnica en español referentes a la Ley sobre Estadounidenses con Discapacidades [ADA], s.f., establece en su definición de persona con discapacidad "aquella persona que tiene una discapacidad física o mental que limita considerablemente una o más de las principales actividades vitales, una persona que tiene un historial o antecedentes de tal discapacidad o una persona que es percibida por otros como alguien que tiene tal discapacidad".

Si partimos de la premisa de tener una limitación considerable en una o más de las principales actividades vitales, nos damos cuenta de que realmente nos aplica, porque tenemos limitaciones para realizar tareas en nuestra vida cotidiana, en el trabajo y en lugares públicos. Esto no quiere decir que por tener una discapacidad no podamos tener una vida plena y que no podamos alcanzar metas como otras personas. Por el contrario, abrazando la discapacidad nos sentimos felices de lograr lo que para muchos pareciera ser imposible. Algunos ejemplos de lo que pueden ser limitaciones son los siguientes:

En el hogar:
- Al cocinar, no alcanzamos los botones para prender la estufa y tenemos que utilizar algún objeto que nos provea altura.
- Al limpiar (mapear) el piso, no podemos cargar un cubo de agua.
- Al lavar ropa necesitamos algún equipo adaptativo que nos ayude a sacar la ropa de la lavadora, porque nuestros brazos no llegan hasta la parte inferior del tambor.

En el trabajo:
- Para acceder a las impresoras necesitamos utilizar algún objeto que nos eleve para poder manejar los controles del equipo.
- Un chofer deberá tener extensión de pedales para poder manejar un auto.
- Una estilista necesita una banqueta para alcanzar bien durante el lavado y peinado de cabello a su cliente.
- Una persona, cuyo trabajo le requiera moverse rápidamente de un lugar a otro, necesita un *"scooter"* para lograrlo.

En la escuela:
- El estudiante necesita un objeto para descansar sus pies para que no le queden colgados todo el día y le provoque hinchazón y dolor en sus extremidades y espalda.

- Para alcanzar a escribir en la pizarra se necesita un objeto que le provea altura.

En lugares públicos:
- El realizar un pago en sistemas electrónicos es muchas veces imposible porque las máquinas están colocadas muy altas. Inclusive en ocasiones están fijas y no se pueden mover para adaptarlas.
- En el banco, no alcanzamos al mostrador para realizar una transacción
- En un bar, no podemos sentarnos en las sillas altas, sin la ayuda de alguien o de un objeto que nos de altura.
- En un supermercado, no tenemos acceso a muchos productos.

Así que, la ley lo establece y si nosotros encontramos estas y muchísimas otras situaciones que nos dificultan el realizar una actividad, entonces sí tenemos una discapacidad. Si nosotros mismos no aceptamos esta realidad, estamos tirando por la borda el esfuerzo de activistas con discapacidades que lucharon por nuestros derechos antes que nosotros. Gracias a su esfuerzo y perseverancia lograron que las leyes existentes fueran enmendadas a nuestro favor.

Con LPA aprendí que existen más de 400 tipos de enanismo. Cada uno con sus características particulares y con otras condiciones médicas que, en ocasiones, pueden ser más severas o limitantes que en otras, y hasta letales.

Aprendí los términos correctos que se deben utilizar. No se dice enano, sino persona con enanismo, con baja estatura, de pequeña estatura o con talla baja. Al referirnos a una persona alta, no se dice estatura normal, sino estatura promedio. Al fin y al cabo, quién y cómo se establece lo que es "normal"... En inglés no se utiliza el término "midget", el cual es utilizado por las personas de manera despectiva para referirse a las personas con enanismo, ya que es considerado muy ofensivo. En la cultura anglosajona, las personas con enanismo prefieren el término "dwarf", que en español significa "enano". Sin embargo, en español el término "enano" es también ofensivo para algunas personas, para otros no lo es y a otra parte de nuestra población le es indiferente.

Sobre el término apropiado para nombrar la condición, es un tema en el que, en mi opinión, es difícil de llegar a un acuerdo. Me explico- El término enanismo proviene de la palabra enano y es el término que agrupa a los más de 400 tipos de condiciones que existen; condiciones en las cuales las personas, por lo general, no superan los 4 pies 10 pulgadas. El término "enano" es el término utilizado por toda la población de habla hispana e inclusive en los idiomas que provienen del latín, la palabra es muy similar. Lamentablemente, la historia nos indica que para los años 1800 en la época de "espectáculos de fenómenos", el término "enano" se utilizó para describir a las personas que eran mostradas para entretenimiento público. Esto provocó que el término se convirtiera en uno despectivo y, con el pasar de los años, lo hemos visto utilizado en frases de insulto hacia otras personas. Un ejemplo de esto es cuando dicen "es un enano mental" para referirse a una persona que no tiene el suficiente intelecto. Otro ejemplo es la canción "Ese Hombre", popularizada por la cantante, Rocío Jurado, en la que para insultar a un hombre hace uso del término al decir:

"Es un gran necio,
un estúpido engreído,
egoísta y caprichoso,
un payaso vanidoso,
inconsciente y presumido,
falso, **enano**, rencoroso,
que no tiene corazón"

En algunos países de habla hispana, las personas con enanismo, tratando de evitar que el término continúe siendo utilizado, han cambiado el vocablo por "talla baja" y algunos simplemente quisieran erradicar por completo el uso de la palabra. La realidad es que ésto es algo imposible de lograr porque es un término que ha existido siempre en nuestra lengua. Otra razón por la que entiendo que es difícil llegar a un acuerdo es porque los países de habla hispana, aunque compartimos el mismo idioma, tenemos diferentes maneras de utilizar un mismo término. Por ejemplo, en mi tierra natal, Puerto Rico, la palabra talla baja es asociada y se utiliza para el tamaño de la ropa y no de una persona. Por lo que sería un doble esfuerzo el cambiar el término "enano" por talla baja y lograr un cambio en el significado del nuevo término. Algunos grupos han sugerido que el término enanismo sea reemplazado por ADEE (Acondroplasia y otras Displasias Esqueléticas que conllevan Enanismo). Un término en mi opinión muy largo y complicado. De acuerdo a lo que ellos exponen, y cito: "debe incluir a todas las personas con cierto tipo de enanismo (óseo), pero no cualquier tipo de enanismo (talla baja familiar, déficit hormonal…)".

También establecen que, y cito: "Una palabra nueva, descargada de las connotaciones de la palabra enano, que, aunque castiza y real, no es específica y lleva en sí toda una historia de injusticia social. Una palabra nueva, no excluyente, que echamos a rodar, una semilla al viento que esperamos consideréis vuestra, de todos, e incorporéis a vuestro vocabulario habitual, por el bien de las personas con ADEE". Personalmente, y con todo el respeto que merecen, considero que el término ADEE, sí es excluyente, pues deja afuera a otros tipos de enanismo que se dan por causas diferentes, tales como deficiencias hormonales.

Por otro lado, me parece que el nuevo término le da relevancia a la Acondroplasia y las demás displasias quedan relegadas en un segundo plano, lo que evita el que las personas sean conscientes de que existen más de 400 tipos de enanismo y se eduquen sobre ellos de igual manera.

El término "personas con ADEE", en mi opinión, solo pretende disfrazar una realidad, porque siempre significará "personas con enanismo" y al fin y al cabo seguiremos siendo iguales; ni un centímetro más, ni un centímetro menos.

La Real Academia Española de la Lengua, institución cultural dedicada a la regularización lingüística entre el mundo hispano hablante, no promueve, ni desaconseja el uso de una palabra. En el año 2012 el director de la RAE, José Manuel Blecua, explicó en entrevista con BBC (Zajac, 2012), que "la RAE solo incluye o registra las palabras, y cuando se demuestra que alguna no se usa, cosa que es muy difícil, se trata como desusada, pero no se elimina. Solo las muy antiguas, en general anteriores al siglo XVI, pueden pasar del diccionario general al histórico, pero siguen estando. Su desuso tiene que comprobarse en largos períodos. Estas decisiones tienen que ver con la vigencia y nunca con las valoraciones, como por ejemplo, si resultan ofensivas. Las personas podrán considerarla malsonante u ofensiva, pero lo único que la RAE asegura tener en cuenta en su uso, es que debe quedar reflejado en las páginas del diccionario de referencia de la lengua española".

Como vemos, resulta difícil establecer cuál es el término correcto y cuál no lo es. Es más bien una cuestión de gustos y sentimientos. Estoy convencida que, si todos los que tenemos la condición de enanismo nos esforzamos por abrazar nuestra realidad y por educar sobre el término para que las personas conozcan y entiendan la forma correcta de utilizarlo, avanzaremos más en la concienciación. Mientras nosotros continuemos luchando por algo que es más complicado, y prácticamente imposible, perdemos la oportunidad de enfocarnos en lo que verdaderamente es importante: lograr que las personas aprendan a tratarnos con el respeto que nos merecemos como seres humanos.

En fin, que LPA me ha dado muchas herramientas para enfrentar la vida y luchar por lo que entiendo que es justo para todos los seres humanos -el respeto y la igualdad- y mucho de esto lo aprendí asistiendo a las conferencias anuales, las cuales disfruto al máximo. Las conferencias tienen una semana de duración con actividades todo el día. Desde la mañana comienzan los talleres y charlas con temas relacionados a nuestras condiciones, clínicas médicas, excursiones y diferentes eventos para todas las edades. En la noche hay bailes, show de talentos, desfile de modas y banquete. Los hoteles en donde se llevan a cabo las conferencias son adaptados para que nuestra estadía sea lo más cómoda posible, colocando escalones en los mostradores y banquitos en las habitaciones. Durante toda la semana nos encontramos con viejos amigos y ampliamos el círculo con nuevos amigos. Según han pasado los años y otros países descubren la existencia de la conferencia, son cada vez más las personas que participan a nivel internacional. Las conferencias me han dado la oportunidad de conocer personas de Australia, España, Japón, Argentina, Chile, México, Perú, Ecuador, Singapur y muchos otros países. Al concluir la semana de talleres y actividades, el momento de despedirnos es uno emotivo, marcado de un gran sentimiento de tristeza en miras a una futura oportunidad para reencontrarnos. De igual manera nos deja un sentimiento de nostalgia ya que esa semana es un tiempo en el que compartimos mayormente con personas iguales a nosotros. Personas a las que podemos hablarles mirándolas directamente a los ojos, sin necesidad de que tengamos que subir nuestra cabeza. Personas que enfrentan las mismas situaciones del día a día y entienden a la perfección lo que el otro siente. Personas con las que puedes bailar cómodamente, porque tienen tu misma altura. Personas de las que aprendes y con las que compartes anécdotas, vivencias y experiencias de vida. Personas que no te mirarán al entrar en algún salón del hotel, porque no ven tu diferencia. En fin, que al regresar a nuestros hogares y, aunque tengamos una vida feliz, nos toma unos días volver a nuestra realidad.

Con el pasar de los años la vida me llevó por un rumbo jamás pensado, y se presentó una oportunidad de mudarme a los Estados Unidos. Esta decisión impactó el futuro del capítulo que teníamos en la isla, pues ya no podía continuar al frente del mismo y tristemente para mí, el capítulo de LPA de Puerto Rico quedó inactivo.

Pero, como Dios determinó que mi misión de vida era trabajar para mis pares, poco tiempo después de llegar a Estados Unidos me ofrecieron la oportunidad de asumir el liderazgo del Comité de Asuntos Hispanos de LPA. Ya estaba retirada de mi trabajo, por lo que tenía tiempo para dedicarle a lo que me gusta y por supuesto, acepté. Nuestro comité sirve de enlace entre las personas de habla hispana y la organización. Ayudamos a prospectos que se encuentran en búsqueda de alguna información sobre el tema de enanismo, sobre cómo hacerse miembros y cuál sería el capítulo que les corresponde; de igual manera, realizamos eventos en español durante las conferencias anuales.

¿Qué me deparará el futuro apoyando a otras personas con enanismo? No lo sé, pero sí confieso que me gustaría continuar la labor, porque creo que aún hay mucho por hacer. Lo cierto es que me da mucha alegría el ver a una nueva generación de jóvenes de pequeña estatura que se levanta con la misma inquietud de continuar el legado que hemos dejado para nuestra comunidad aquellos que somos un poquito mayores. A los que ya no están con nosotros, y quienes fueron los pilares de este movimiento, ¡GRACIAS!

Comunidad

Reflexión:
Cuando individuos que comparten una misma situación se agrupan, se desarrolla una cohesión especial. Se comparten vivencias que sirven de ejemplos para otros. Se encuentran referentes que ayudan a entender que no vamos caminando solos. Esta comunidad será capaz de lograr un nivel superior de entendimiento, pues enfrentan los mismos retos de vida. Juntos trabajan para lograr cambios que redunden en una mejor calidad de vida de sus integrantes. Esta unión será de gran beneficio tanto a nivel colectivo como individual.

CAPITULO 12

LO APRENDIDO

*La empatía siempre será clave
para lograr una vida en comunidad
con amor, entendimiento y respeto.*

A lo largo de estos 61 años, han sido muchas las experiencias vividas, unas buenas y algunas no tan buenas, y ya les he contado algunas siguiendo el orden de sucesos de mi vida. Algunas no las pude incluir antes para no afectar la narrativa, por lo que he decidido contarlas en este capítulo de tal forma que les brinde perspectivas adicionales de lo que experimento a diario.

Desde que tengo uso de razón, he escuchado a algunas madres decirles a sus hijos: "¿Ves, lo que te va a pasar?. Si no comes, no vas a crecer", o "¿Ves?, ella no tomaba leche y por eso se quedó así". No me gustan esas frases, simple y sencillamente… !porque son una mentira! Aunque la realidad es que nunca me ha gustado la leche (mi mamá dice que apenas me tomaba media onza cuando era una bebé), no es la razón por la cual no crecí. Además, ¿qué pretenden? ¿asustar a los niños porque el no crecer es algo malo? Siempre que escuchaba estas frases, aunque no me gustaba, no me atrevía a llevarles la contraria a las madres, pues no es bueno que pierdan credibilidad ante sus hijos. Sin embargo, un día me dije, "ya basta de apoyar esas mentiras". La próxima vez que ocurra, con toda la educación posible le hablaré a la mamá para aconsejarle que no mal informe a su hijo y que le explique de una forma real las razones por las que debe comer o tomar leche. Hasta el día de hoy no se me ha presentado esa oportunidad, puesto que no he vuelto a escuchar la frase.

A las personas que tenemos algún tipo de enanismo nos gusta ser tratados de la misma forma y con el mismo respeto que se trata a cualquier persona de estatura promedio. Han sido tantas las veces que he estado esperando para realizar alguna gestión y la persona que llega después intenta pararse al frente de mí porque, según ellos, pensaban que yo era una niña. ¿Y es que acaso a un niño no se le trata con respeto? Yo he presenciado casos en los que una madre ha dejado a su niño un momento guardando su turno, mientras ella hace alguna otra cosa. ¿Y me pregunto si ese niño no merece ser respetado, al igual que si hubiera sido su madre la que estaba esperando a ser atendida? Cuando era joven dejaba pasar estos momentos para no ser grosera, pero también me cansé de permitir que otros se aprovechen, y ya no permito la excusa de que se equivocaron o de que no me vieron. ¡Soy chiquita, pero tampoco soy Pulgarcita! Una de mis mejores amigas, María, en varias ocasiones presenció momentos de estos y se quedaba petrificada del susto esperando la reacción de la otra persona, la cual siempre termina por disculparse, porque sabe que ha actuado mal.

Otra situación que no nos gusta es que nos toquen la cabeza, y este es un sentimiento que en general compartimos las personas de pequeña estatura. Sentimos que es una falta de respeto, pues nos demuestra que nos están tratando como a un niño y no como adultos. Sucede mucho cuando alguien quiere pasar frente a nosotros y no tiene mucho espacio, automáticamente nos tocan la cabeza para lograr pasar. Piense por un momento, las personas adultas de estatura promedio no le tocan la cabeza a otro adulto, entonces ¿por qué hacerlo con nosotros? Cuando me sucede, simplemente giro mi cabeza hacia la persona y me detengo a mirarla seriamente. En la mayoría de los casos, el lenguaje visual es suficiente.

Han sido muchas las veces, más de lo que yo quisiera, en las que las personas me comentan que el conseguir ropa y zapatos debe ser fácil y económico. No tienen idea de lo equivocados que están. Durante mi niñez fue bastante fácil, pues mi mamá escogía mi ropa y, aunque siempre estuve por debajo del promedio en estatura, seguía siendo una niña, por lo que siempre encontraba algo apropiado. Sin embargo, todo comenzó a cambiar según fui entrando a la adolescencia, pues a mi mamá le hubiese gustado seguir comprando ropa aniñada, pero yo prefería ropa de acuerdo a mi edad. Otra cosa a considerar en ese periodo fue el hecho de que ya tenía busto, y la ropa de niña no la hacen con eso en mente. Fueron muchas las veces en que intenté alguna blusa o traje y, aunque el tamaño era el correcto, de busto no me servía. Así que, fueron tiempos frustrantes al salir de compras y no encontrar nada que me gustara y me sirviera. Encontrar ropa adecuada para la edad de la persona con enanismo no es tarea fácil porque no solo debes tomar en consideración la altura, sino también el peso. En la etapa en la que estoy ahora es aún más difícil, pues sigo teniendo la estatura de una niña, pero el peso es de adulto. Con piezas como los pantalones, aprendí muy temprano en la vida que siempre tendría pérdidas. En ocasiones, he tenido que invertir demasiado dinero comprando un pantalón, para luego tener que pagarle a un sastre para que los corte y los arregle y, encima de eso, botar el restante del material que cortó. Eso me llevó a la decisión de tomar un curso corto de costura, que al menos me ayuda a no pagar demasiado en la alteración de mi ropa, siempre que me sea posible.

Otra percepción incorrecta es la de personas que creen que quienes tienen la condición de enanismo también tenemos una discapacidad mental, lo cual es totalmente incorrecto. A lo largo de mis años escolares los premios de superación fueron una constante. Según la Real Academia Española el término "superación" tiene dos definiciones. Una de ellas es: "ser superior a alguien". Esta definición confirma lo que siempre pensé: no fui, ni soy superior a nadie. En mi época escolar tuve altas y bajas en relación a mis notas, me esforcé como cualquier otro estudiante, pero nunca superé intelectualmente a ninguno de mis compañeros.

La segunda definición de "superación" es: "vencer obstáculos o dificultades". Aquí sí la definición, tanto para mí como para todas las personas con alguna discapacidad, es una constante, por lo que acepto todos los premios de superación que recibí a lo largo de mi vida. A diario tenemos que vencer o lidiar con diferentes obstáculos o dificultades, desde las barreras arquitectónicas, injusticias, discriminación, burlas y hasta las faltas de respeto.

Debo aclarar con relación a las barreras arquitectónicas, no es que pretendamos que el mundo se adapte totalmente a nosotros para que estemos cien por ciento cómodos. Si así fuera se invertiría todo y entonces el promedio de la población estaría en nuestra situación. Sin embargo, sí se pueden hacer ajustes para facilitar nuestro diario vivir y que tengamos más independencia y seguridad. Los gobiernos poco a poco han ido sensibilizándose y han ido creando leyes que nos protegen, pero aún se puede lograr más. Considero que se debe crear más legislación para que se amplíen los cambios estructurales en lugares públicos y privados. Un ejemplo de esto puede ser tan sencillo como exigir a los comercios una mejor ubicación del sistema electrónico de pago. La gran mayoría de ellos tienen las máquinas colocadas de forma permanente a una altura mayor que nosotros. Esto provoca una falta de privacidad al momento de entrar la clave secreta para realizar el pago electrónico; convirtiendo nuestra clave secreta en una clave pública. Esto no solo es una violación a la privacidad, sino que también es un riesgo de seguridad, ya que cualquiera que haya observado nuestra clave secreta nos puede seguir para lastimarnos y despojarnos de nuestra tarjeta y hacer transacciones monetarias sin ningún problema.

Ahora bien, las barreras más difíciles con las que tenemos que lidiar a diario son las barreras mentales. Las injusticias que enfrentamos incluyendo el discrimen por nuestra estatura al solicitar empleo y el mismo se nos niega con el descaro de decirte que no puedes realizar alguna tarea porque no tienes cierta estatura, sin tan siquiera darte la oportunidad de demostrar que tienes forma de poder realizarlo. En otras ocasiones cuando te niegan que la plaza está disponible, pero por otros medios confirmas que aún lo está. Esas son solo algunas de las tantas barreras a nivel laboral. Por otro lado, están las barreras más directas y abiertas, las cuales tristemente son incontables, tales como: las miradas insistentes e indiscretas cuando pasas cerca de alguien, las burlas y comentarios "graciosos" por ser pequeño, peor aún, la falta de respeto cuando te tratan como un niño, porque tienes la estatura de ellos.

La invención de los celulares ha sido una de las mejores cosas que nos ha traído la tecnología y a medida que continúan su transformación adquieren opciones y herramientas buenas, pero solo cuando se utilizan correctamente. La inclusión de una cámara accesible en el teléfono es algo muy bueno para capturar imágenes en cualquier momento y guardar ese recuerdo; pero cuando las personas cruzan el espacio y la privacidad de otros, deja de ser agradable. Cada día se prolifera más el que las personas tomen fotos de otra persona sin su consentimiento, y eso nos sucede con demasiada frecuencia a las personas con enanismo. Es sumamente desagradable estar en algún lugar disfrutando de cualquier tipo de actividad y que, de momento, te des cuenta que alguien está fotografiándote, sin saber con qué propósito. Sin pretender ser presumida, puedo entender lo que sienten las figuras públicas cuando se sienten acosados por los "paparazzis". Vivo con la preocupación innecesaria de un día encontrar en las redes sociales alguna foto mía o de mi hija sin nuestro consentimiento y peor aún que esté acompañada de comentarios hirientes o despectivos. En ocasiones, si estoy segura de que alguien nos está fotografiando, saco mi teléfono y aparento yo también estarles tomando fotos, pero hasta ahora ésto no les ha importado. En otra ocasión, me encontraba en una tienda y al percatarme de una persona tomando fotos de mi acompañante también de baja estatura, disimuladamente, fui hasta el guardia de seguridad de la tienda y le pregunté si podía solicitarle a la persona que no lo hiciera, pero me contestó que eso no estaba dentro de lo que ellos podían controlar.

Recientemente, mientras compartíamos en familia, mi hermana y yo recordábamos anécdotas de la juventud. Algo que recordé y que nunca verbalicé fue el hecho de que cuando asistíamos a las fiestas patronales del pueblo de nuestros padres, el grupo de primas acostumbrábamos dar vueltas por la plaza pública mientras hablábamos y decidíamos cuál era la próxima atracción en la que queríamos subirnos. El grupo constaba de un mínimo de cinco chicas y todas, excepto yo, eran de estatura promedio. Todas ellas se enlazaban de brazo a brazo y yo como no las alcanzaba siempre iba sola. En aquel momento nunca comenté sobre la situación y no fue hasta ahora que, al verbalizarlo me di cuenta que, aunque disfrutaba estar con ellas, hubo momentos en los que me tocó a mí, en silencio, adaptarme a la situación. Yo sé que ellas no lo hacían conscientes y tampoco querían que yo me sintiera de esa forma y quizás si yo se los hubiera expresado en aquel momento, ellas hubieran actuado de manera diferente. La realidad es que en mi caso, creo que por timidez o por evitar que otros se sintieran mal, fueron muchas las veces en que me adapté en silencio y no expuse cómo me sentía ante alguna situación en particular.

No hace tanto tiempo atrás fui a comprar algunas cosas a un supermercado. Esta tarea la he realizado siempre y con la mayor naturalidad, porque nunca he dejado de realizar actividades como lo hacen los demás. Siempre que voy de compras y no alcanzo algún artículo, acostumbro pedir ayuda de algún empleado o de alguna persona que se encuentre cerca de mí. Ese día le solicité la ayuda a un empleado que se encontraba organizando mercancía. Al parecer, el empleado pensaba que sería gracioso y su respuesta fue estirar su brazo hacia el artículo, simulando y verbalizando que no lo alcanzaba. Como ya les he comentado, yo soy la primera en reírme de las cosas que me puedan pasar y considero que tengo buen sentido del humor, pero es algo bien diferente el que otros se tomen la libertad de reírse de lo que le sucede a una persona, como consecuencia de su condición física. Como hoy en día todos acudimos a las redes sociales para exponer diferentes cosas, eso fue lo que yo hice. Para sorpresa mía, en un par de horas el mensaje había llegado a la alta gerencia del supermercado y se comunicaron conmigo para pedir excusas. Agradezco el gesto de la gerencia, pero siendo honesta, más hubiese agradecido si el empleado mismo se hubiera excusado voluntariamente, porque entendió su mal comportamiento. Sin duda alguna, puedo decir que de mi vida como adulta, ésta ha sido la experiencia de mayor humillación para mí. Jamás entenderé como los seres humanos podemos llegar a ser tan insensibles, pocos empáticos y hasta llegar a convertir algo delicado en una broma de mal gusto. Yo puedo decir que vivo feliz como soy, pero otras personas con alguna condición de enanismo no viven de igual forma y muchos han recurrido a privarse de la vida porque no pueden lidiar con su situación. Me entristece mucho que eso suceda, pero más pena siento al entender que, quizás, el trato que reciben de su entorno, ha sido clave para que algunos opten por el suicidio.

Cuando se trata de servicios médicos, siempre pensamos que las personas que trabajan en ese campo tienen la educación necesaria para manejar diferentes casos dentro del mundo de la medicina, o por lo menos que deben tener empatía hacia personas con condiciones médicas, pero no siempre es así. En una ocasión, mi hija y yo fuimos a visitar a mi mamá al hospital. Cuando entramos, el guardia de seguridad que estaba en el vestíbulo dudó de la edad de Klaudia, pero nos dejó pasar. Subimos a la habitación donde estaba mi mamá y varios minutos más tarde, entró una empleada del hospital y sin motivo alguno preguntó por la edad de Klaudia. Reconozco que a veces soy poco tolerante, y esa fue una de esas veces. De inmediato le contesté que tenía 14 años y que no había ningún problema en que estuviera allí, ya que tenía más de la edad requerida para visitar a las personas hospitalizadas. La señora no quedó muy convencida y su respuesta fue que evitara caminar por el pasillo. Nadie como una madre para reconocer cómo reaccionarán sus hijos ante algunas situaciones, por lo que mi mamá de inmediato supo que yo estaba furiosa, y tratando de evitar un problema, antes de yo volviera a contestar, le dijo a la empleada que no había problema y que su nieta se quedaría dentro de la habitación. Me sentí indignada por la actitud y la poca empatía de la empleada porque hasta cierto punto puedo entender que por un momento pensara que Klaudia fuera una niña por el tamaño, pero al acercarse y ver que no solo ella era pequeña, sino que yo también lo soy, debió cambiar su actitud.

En muchas ocasiones escuchamos a otros que al referirse a nuestra condición dicen "la persona padece o sufre tal o cual condición". De acuerdo a la Real Academia Española el término "padecer" significa: sentir física y corporalmente un daño, dolor, enfermedad, pena o castigo. Por lo que considero un grave error la utilización de dicha aseveración, puesto que al tener la condición de enanismo no siento que esté dañada y no me causa dolor. Tampoco es una enfermedad, puesto que no tiene cura. No siento pena por mí y tampoco quiero que otros la sientan, pero mucho menos creo o siento que el haber nacido así sea un castigo. Todo lo contrario, creo fiel y firmemente que mi vida ha tenido y aún tiene un gran propósito; y vivo muy agradecida por ello.

Enfrentar Barreras

Reflexión:
Las experiencias de vida pueden marcarnos de diferentes maneras, tanto positiva como negativamente. Está en nosotros no permitir que las experiencias negativas definan nuestras vidas. Las barreras mentales o estructurales podrán seguir existiendo, pero si aprendemos a utilizar cada situación para educar y demostrar de lo que somos capaces sin importar nuestro físico, poco a poco iremos cambiando al mundo.

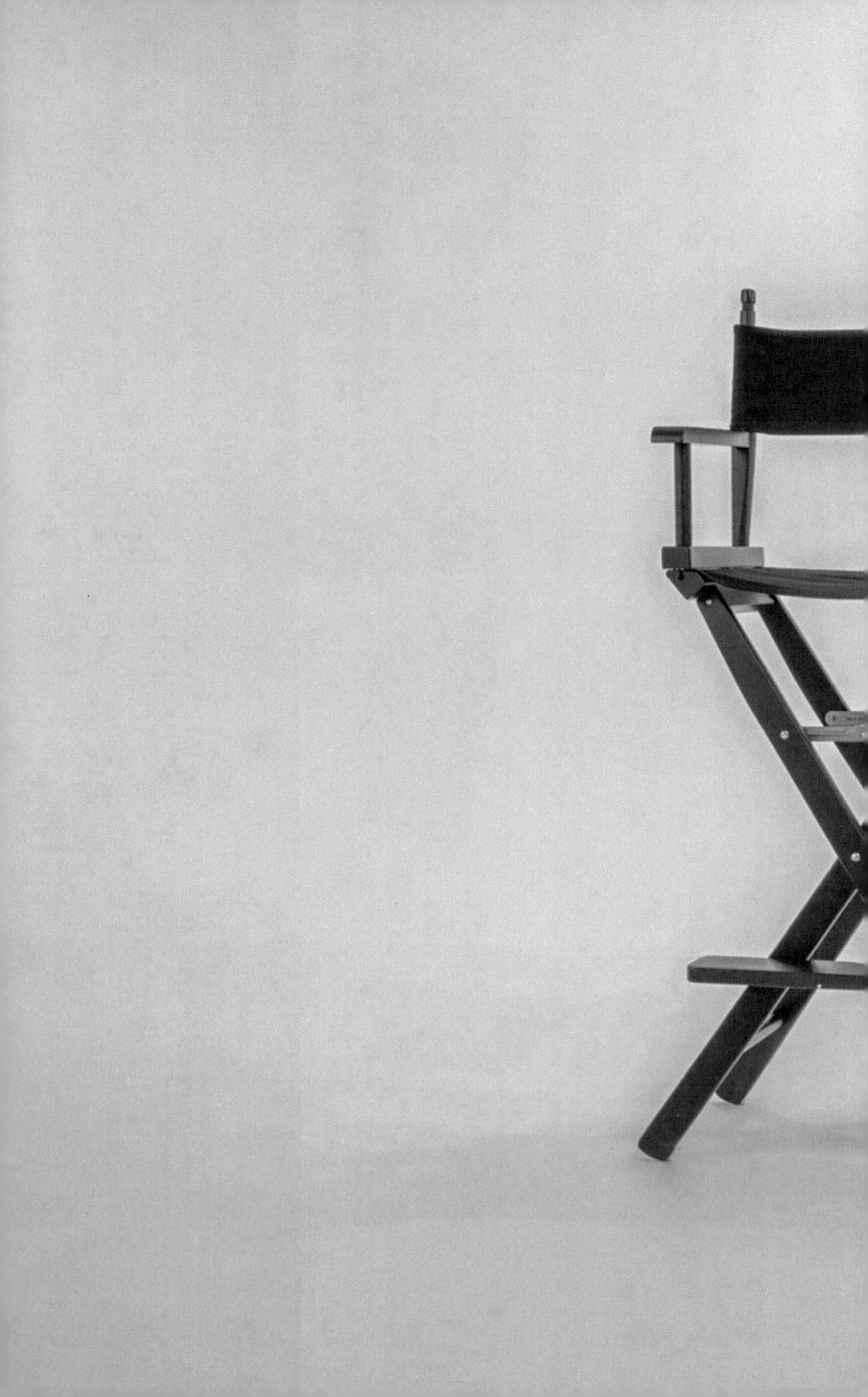

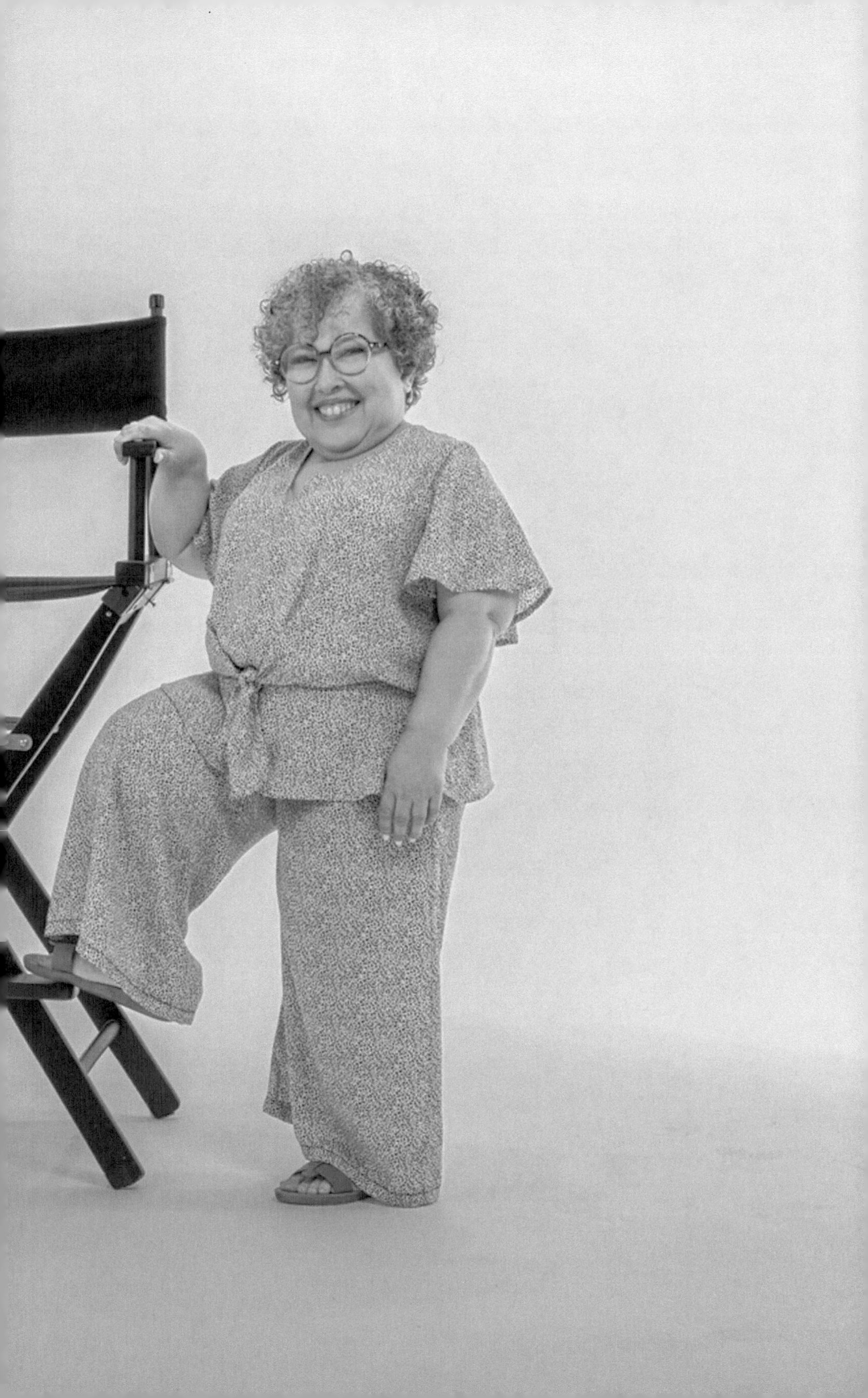

EPÍLOGO

A través de este libro quise compartir lo que ha sido mi vida hasta este momento, con dos propósitos en mente: que las personas de estatura promedio puedan cambiar algunas perspectivas o estigmas que existen hacia las personas con enanismo, y también quise darle otras perspectivas, a manera de ejemplo, a las personas con alguna condición, para que entiendan que en la vida todo es posible. Todo está en nosotros mismos y en el deseo que tengamos de salir adelante.

Al igual que muchos de ustedes, ya sean de estatura promedio o iguales a mí, he experimentado diversas situaciones que sin duda me han hecho la persona que soy. Disfruté de una buena niñez, y durante mi adolescencia pasé un poco los mismos traumas que muchas jovencitas. Enfrenté la burla pero también encontré excelentes amigos. Me enamoré y también sufrí decepciones amorosas. Me he enfrentado a algunos retos y los he podido superar. En fin, que mi vida se debe parecer a la de muchos de ustedes.

A temprana edad asumí la realidad, mi estatura no me iba a definir y no se convertiría en un obstáculo para yo lograr ser feliz. Entendí que la vida no es fácil para nadie, porque todos estamos expuestos a diferentes situaciones, pero está en nosotros mismos enfrentarlas lo mejor posible y tratar de vencer los retos según nuestras posibilidades. La vida me enseño a ser perseverante y a luchar por lo que quiero.

Nada más cierto que el refrán que dice: **"Si la vida te da limones, aprende a hacer limonada"**. Para algunas personas, el enfrentarse a situaciones como lo es una condición física, puede llegar a ser difícil o incluso imposible de superar. Se aíslan del mundo, no son felices y en ocasiones se privan de la vida. Aprendí a coexistir en un mundo que no está adaptado para mí. No puedo pretender cambiarlo todo a mi conveniencia, pero aprendí a luchar para lograr empatía y respeto. Aprendí que la vida se trata de superar momentos difíciles, pero también de disfrutar los triunfos. Me permito reírme de algunas de mis situaciones y le permito a otros que se rían conmigo.

Creo firmemente que debemos aceptarnos como somos y vivir al máximo cada día. Si me preguntan si hubiese querido ser de estatura promedio, con honestidad les digo que no me imagino mi vida de otra manera y todas y cada una de las vivencias que he tenido las agradezco. Solo me resta decirles que soy feliz…, ¡Mirando hacia arriba!

Made in the USA
Columbia, SC
12 October 2024